AF236766

Wenn Sie möchten, besuchen Sie mich im
Internet auf
www.gerdkeil.de
Dort finden Sie meine weiteren Bücher und
auch einige Fotos und Videos.

Omi und Opi – mehr als meine lieben Großeltern

Meine Kindheitserinnerungen

ISBN: 9783751997447
© 2020 bei Gerd Keil
Herstellung und Verlag:
BoD - Books on Demand Norderstedt,
Germany (EU)
www.bod.de

Inhaltsverzeichnis

Dieses Buch widme ich meinen lieben Großeltern.

Mein Opa, der viel zu früh verstorben ist, war für mich ein Ankerplatz für meine Kinderseele.

Meine Oma, die im hohen Alter langsam tüttelig wurde, war eine Seele von Mensch.

Ich bin froh und glücklich euch beide als Omi und Opi gehabt zu haben.

Statt einem Vorwort

Ich wurde am 08.12.1963 in Berlin-Friedrichshain, also im ehemaligen Ostteil der Stadt Berlin geboren. Mein Bruder Klaus war zu diesem Zeitpunkt knapp 2 ½ Jahre alt. Als meine Mutter mit mir nach Hause kam, war sein erster kindlicher Kommentar: „Das soll mein Bruder sein? Den pack mal gleich wieder ein und tausche ihn um." Mich umzutauschen wird nicht gehen und wir werden in den nächsten Tagen, Wochen, Monaten, Jahren und Jahrzehnten noch so manches erleben. Mehr, auch darüber, können Sie in meinem Buch „Wertvolle Freiheit" lesen.

Hier in diesem Buch soll es um die Beziehung zu meinen geliebten Großeltern gehen. Die meisten Kinder haben – hoffentlich – sehr liebende Großeltern und manch eine(r) hat vielleicht irgendwann gesagt: Ich habe die besten Großeltern der ganzen Welt. Für die Großeltern ist das, eines der schönsten Komplimente, die sie von ihrem Enkelkind bekommen können. Meine Großeltern waren noch besser als die besten der Welt. Auch darum ist dieses Buch entstanden, dass die Zeit als Kind und Jugendlicher, die ich mit ihnen verbringen durfte, noch einmal Revue passieren lassen kann. Ich habe sehr, sehr viele positive, lustige, schöne, ernste und auch traurige Erinnerungen an die beiden, die es endlich mal wert sind, aufgeschrieben zu werden. Über den Buchtitel habe ich lange nachgedacht, denn es sollte schon ein ganz besonderer, prägnanter Titel sein, der meiner lieben Omi und meinem lieben Opi auch gerecht werden kann. Ob er das kann, weiß ich nicht, aber wenn Sie, liebe Leser*innen meinen, dass es so ist, freue ich mich, wenn Sie mich an Ihren Gedanken teilhaben lassen und vielleicht sogar einen Eintrag in mein Gästebuch auf meiner Homepage www.gerdkeil.de schreiben. Herzlichen Dank schon jetzt dafür.

Gehen wir zurück zum Anfang meines Lebens, zurück an die ersten Momente, an die ich mich heute noch erinnern kann. Auch kleine Kinder haben viel Kreativität und Fantasie, wenn diese nicht schon frühzeitig gebrochen werden, was im sogenannten „real existierenden Sozialismus" allzu häufig der Fall war. Größere Kinder haben Fragen über Fragen und suchen nach Antworten. Und sie haben die erste Freundin, den ersten Freund, Liebeskummer, Heimweh, Fernweh und noch mehr. Und irgendwann kommt der Tag des Abschiedes, ein Abschied für lange Zeit oder auch ein Abschied für immer. Tod und Trauer, die Hoffnung auf das ewige Leben in Gottes Reich all das, werden Sie in diesem Buch finden. Jetzt aber genug der langen Worte und dieses Vorwortes. Kommen Sie mit in eine zauberschöne, gefährliche und traurige Zeit. Wir starten gleich auf der nächsten Seite.

Baden in der Küche

Baden war bei meinen Großeltern immer etwas Schönes. Als kleines Kind habe ich mir darüber nie Gedanken gemacht, wie mühevoll die Vorbereitungen dafür waren und später wurde mir auch klar, warum **wir** nie gebadet hatten. Ein Bad für meinen Bruder und mich gemeinsam zu schaffen, war schlichtweg unmöglich. Als Kind habe ich das zwar nicht verstanden, war aber dennoch ganz zufrieden, die Badewanne für mich allein zu haben und sie nicht, wie bei unseren Eltern, mit meinem Bruder teilen zu müssen.

Allerdings kam bei unseren Eltern das warme Wasser aus der Wand. Wir sind im Juni 1965 in eine Plattenbauwohnung unweit des Berliner Tierparks gezogen.

Wenn sich Oma oder/und Opa neben die Wanne setzten und es auch noch ein Spielzeug gab, war das sehr schön.

Zum Baden mussten erstmal genug Kohlen in die dritte Etage nach oben gebracht worden sein. Dann wurde von meinen Großeltern der Beistellofen, welcher in der Küche stand, angeheizt. Ein Beistellofen ist ein Ofen, auf dem man auf einzelnen Platten auch Essen oder Wasser kochen konnte. In diesem Fall wurde das Wasser gekocht. Kessel für Kessel bis genügend heißes Wasser drin war und sie nur noch kaltes Wasser hinzulaufen lassen brauchten.

Ein großes Wachstuch mit viel Obst, als Muster darauf, wurde auf dem Küchenboden ausgelegt, damit das Wasser nicht in die Dielen eindringen konnte. Denn ich saß als Kind nicht vollkommen still in der Wanne. Bis das Wasser warm genug war, verging einige Zeit. Auch diese Zeit des Wartens sollte niemals langweilig werden, aber dazu später mehr. Wenn es soweit war wurde ich gerufen. Ich ging in die Küche, wurde ausgezogen und dann, dann kam der Moment, in dem ich in die Wanne gehen durfte. Es war eine Zinkbadewanne, die mein lieber Opi aus der Speisekammer holte. Das Wasser war angenehm warm, natürlich fehlte auch der Badezusatz „Badusan" nie. Das man diesen nicht mal so kaufen gehen konnte, habe ich als Kind nicht einmal geahnt. Dennoch war er bei Omi und Opi immer vorhanden. Und oft kam auch noch ein kleines Boot und ein Teddybär aus Plastik hinzu. Es war schön von meinem Opi eine Geschichte zu hören, in der ich – als Badewannenkapitän – die Hauptperson war. Oma und Opa waren in diesen Geschichten mit mir auf dem großen, weiten Meer unterwegs. Manchmal lernte ich so, ein fremdes Land oder ferne Inseln, kennen. Das waren Weltreisen, die wir gemeinsam unternahmen.

Den Motor gestartet und schon ging es los. Oma war schon im Boot und Opa kam hinzu, nachdem er den Anker gelichtet und die Taue, welche uns mit dem Steg verbanden, gelöst hatte. Wir fuhren auf der Spree entlang und kamen nach längerer Fahrt auf einem Ozean an. Dass der Ozean in Wirklichkeit der Müggelsee war, hat mich als Kind nicht gestört. Es machte Spaß die große, weite Welt zu erkunden und dabei ganz lange Seereisen zu unternehmen. Mit Omi und Opi würde ich als Kapitän überall hinfahren. Wir legten an einem Bootssteg an. Opa übernahm das Vertäuen des Bootes und dann ging ich mit Oma von Bord. Nach einigen Metern gab es für mich eine Brause, für Omi einen Tee und für Opi eine Berliner Weiße. Jeder hatte so sein Lieblingsgetränk. Wir setzten uns an einen Tisch und tranken genüsslich. Die Sonne schien und es war schön warm.

„Ja, die Pause haben wir uns verdient" verkündete Bootsmann Opi. Anschließend begaben wir uns zurück zum Boot. Omi und ich stiegen ein und Opi machte die Taue wieder lose und wir fuhren über den Ozean zurück. Auf dem Rückweg kamen wir an ein paar Inseln vorbei. „Hier gibt es noch Ureinwohner" meinte Omi, „richtige Indianer." Sie begann zu singen und wenn jemand singen kann, dann meine Omi. Da war ich mir sicher. Schließlich singt sie im Kirchenchor und dort habe ich sie schon einige Male singen gehört. Ich hörte also den Indianern zu, die gemeinsam mit meiner Oma sangen. Ich bekam ein wenig Angst, doch Opi meinte das ich keine Angst bekommen brauche. Schließlich ist der Bootsmann für den Kapitän verantwortlich. Bootsmann Opi war 2,00 Meter groß. Für mich als Kind, ein riesengroßer Mann. Gut dachte ich, wenn Opi bei mir ist kann mir nichts passieren und die Indianer konnten mir auch nicht gefährlich werden. Opi würde mich beschützen. Am Ende unserer Fahrt legten wir wieder am Steg unseres Heimathafens „Schöneweide" an. Von hier aus ging es direkt ins Hafenrestaurant. Oberkellner Paul, mein Opi, brachte das Abendmenü. Liebevoll zubereitete Brotscheiben und manchmal auch noch Obst dazu. Danach war ich als Kapitän Gerd so müde, dass ich vom Oberkellner und Omi ins Bett gebracht wurde.

Es gab keinen Abend an dem nicht noch eine Gute-Nacht-Geschichte vorgelesen oder frei erzählt wurde. Ich lag in Opas Bett und Oma legte sich irgendwann in ihr Bett. Wenn ich bei ihnen war, schlief Opi immer im Wohnzimmer auf der Couch. Wann Omi ins Bett ging, habe ich nicht mehr mitbekommen, denn die Tage bei meinen lieben Großeltern waren so mit Erlebnissen gefüllt, dass ich viel zu müde war, um das noch mitzubekommen. Ich schlief tief und fest und im Traum ging dann manchmal die Bootsfahrt oder andere Tageserlebnisse weiter.

Buddeln bei Regenwetter

Ich habe als Kind zu gern im Sandkasten gespielt. Dort habe ich „Kuchen" und „Schrippen" gebacken und „Brötchen" gab es natürlich auch ab und zu. Dass meine Großeltern meine „Leckereien" nicht wirklich mochten, konnte ich als Kind nicht verstehen, aber es hat Spaß gemacht in der Buddelkiste, wie ich den Sandkasten nannte, zu spielen. Meine lieben Großeltern sind mit mir dazu häufig in den „Pionierpark Ernst Thälmann" gegangen, der von meinen Großeltern keine zwanzig Fußminuten entfernt war. Hier gab es einen großen Spielplatz, auf dem ich gern war und auf dem ich auch prima buddeln konnte.

Es liegt wohl im wahrsten Sinn des Wortes in der Natur der Sache, dass ich auch bei meinen Großeltern war, wenn das Wetter nicht so schön gewesen ist. Also es nicht warm war und keine Sonne schien.

So kam ein Regentag, an dem ich dennoch so gern buddeln wollte. Opi musste noch arbeiten und Omi arbeitete immer mal ein paar Stunden im Gemüseladen, schräg gegenüber von meinen Großeltern. So bekamen mein Bruder und ich hin und wieder mit, wie eine Banane oder anderes Obst schmeckte. Denn in der Kaufhalle oder im Konsum waren diese Erzeugnisse eher Mangelware. Ich war knapp 4 Jahre alt, als Omi zu mir sagte, dass es heute mit dem Buddeln gehen wohl nichts wird. Aber wir können hier zu Hause etwas spielen. Es war zwar kein Trost für mich, aber mir war klar, dass auch dies schön werden würde. Omi sagte, sie müsse nochmal kurz in den Laden runtergehen und ist aber gleich wieder zurück. Das sollte kein Problem sein, denn ich hatte mit dem Blatt Papier und meinen Buntstiften vor, für beide ein schönes Bild zu malen.

Oma war weg, Opa bei der Arbeit und ich war allein zu Hause. Die Zeit verging und ich war fertig mit meinem Bild. Ich hatte eine Wiese, einen Baum, die Sonne und natürlich Oma, Opa und mich gemalt. So gut ich konnte.

Ich konnte ist gut, ich bin heute noch, weder Zeichner noch Maler. Aber zurück.

Ich hatte schon oft beobachtet, wie Oma oder Opa die Asche aus dem Kachelofen im Wohnzimmer holten und wie sie danach heizten. Oma war sehr vorsichtig dabei, bei Opi ging es schneller. Er machte die untere Tür des Ofens auf, nahm eine große „Buddel" schippe und holte damit den „Sand" hervor. Oft war es ein ganzer Eimer, der so voll wurde. Er trug den Eimer immer runter und kam mit dem Eimer voller Kohlen wieder nach oben. Im Hof gab es eine kleine Grünfläche und dort war auch immer Sand, allerdings echter und keine Asche wie ich sie zum Buddeln aus dem Ofen holen wollte. Diesen Unterschied zwischen Sand und Asche kannte ich bis zu diesem Tag noch nicht. So stand ich also von meinem Stuhl auf, ging an den Ofen und machte diese untere Tür auf.

Herrlich, ich hatte Glück. Der Ofen war voller „Sand" und ich konnte wenigstens ein bisschen buddeln. Omi würde sich bestimmt freuen, wenn ich ihr und Opi einen Kuchen gebacken habe. Leider konnte ich den „Buddeleimer" den Opi immer benutzte, nicht finden. Auch die Schippe war nicht da, aber das hinderte mich nicht daran, die Asche, die ich für „Sand" hielt, aus dem Ofen zu holen. Mit meinen schmalen Armen kam ich gut in das Ofenloch hinein.

Ich ahnte nicht, wie gefährlich das war.

Als ich genug „Sand" hatte, ging ich ins Schlafzimmer meiner Großeltern. Ich zog die Türen auf und suchte überall nach dem Eimer und der Schippe. Da ich nichts finden konnte buddelte ich mit meinen Händen weiter. Dann kam ich auf die Idee, im Wohnzimmerschrank nach den Buddelsachen zu suchen. Aber auch da fand ich nichts, was irgendwie zum Buddeln geeignet wäre.

Gott sei Dank, hatten beide das Geschirr außerhalb meiner Reichweite in den Schrank gestellt.

Ich buddelte also ohne Eimer, Schippe und Formen weiter. Als ich keine Lust mehr hatte, wurde ich müde und legte mich auf die Couch. Schließlich konnte es nicht mehr lange dauern, bis Omi aus dem Laden oder Opi von der Arbeit wieder nach Hause kommen würden.

Ich meine heute, dass ich damals auf der Couch eingeschlafen bin.

Omi kam zurück, stand im Wohnzimmer und bekam einen riesigen Schreck. Sie musste mich auf der Couch liegend für ohnmächtig gehalten haben. Ich wurde wach und sofort stand Omi, die mit ihren 1,50 Meter nicht die allerlängste war, neben mir. Sie beugte sich zu mir hinunter und schimpfte, schimpfte und schimpfte. Sie schimpfte laut und als Kind gefühlt viel zu laut. So laut habe ich sie nie wieder schimpfen hören. Es gab keinen Staubsauger, keine Waschmaschine und auch kein warmes Wasser aus der Wand, so wie bei unseren Eltern.

Im Wohn- und natürlich auch im Schlafzimmer war alles voller Staub von dem vermeintlichen Sand, der in Wirklichkeit Asche war. Gott sei Dank, war die Ofenasche kalt. Wenn da noch Glut drinnen gewesen wäre, nicht auszudenken, wo das hätte hinführen können. All das habe ich als vierjähriger Junge nicht bedenken können.

Oma hat zunächst den Ascheberg auf das Blech vor dem Ofen gefegt. So wurden der Teppich und die Rillen zwischen den Dielen halbwegs sauber. Danach holte sie unter größter Mühe die Zinkwanne von dem hohen Schrank in der Kammer. Für Opa mit seinen zwei Metern Körpergröße kein Problem, aber Omi war nur 1,52 Meter groß. Nun konnte sie mein Badewasser in diese Wanne füllen. Ich sollte in die Wanne gehen bis Oma das Wohnzimmer wieder in

Ordnung gebracht hatte. Das dauerte so seine Zeit und das Badewasser wurde kalt. Ich hatte sie gerufen, um ihr das zu sagen. Herzensgut wie sie war, ließ sie mich aus der Wanne. Ich trocknete mich ab, zog mich an und danach sollte ich mich auf die Couch im Wohnzimmer setzen. Opi war in der Zwischenzeit von der Arbeit gekommen. Zunächst hatte er Omi geholfen, aber danach redete er mit mir, wie ich ihn zuvor und auch danach nie mehr erlebt hatte. Seine Stimme war sehr ernst und tief, so tief wie noch nie.

Sie sprachen auch mit meinen Eltern darüber.

So bekam ich sicher von meiner Mutter handfeste Prügel oder Prügel mit dem Teppichklopfer und wurde dann in der Kammer oder im Bad eingeschlossen. Natürlich machten sie in den Räumen kein Licht an, denn ich sollte ja bestraft werden.

So etwas passierte jedoch niemals, wenn meine lieben Großeltern oder andere Menschen bei uns zu Besuch waren. Dann gab es keine Schläge und keine dunkle Kammer, sondern ich wurde nur ins Kinderzimmer geschickt, in dem ich mir dann überlegen sollte, was ich falsch gemacht hatte. Im Falsch-machen war ich fast unschlagbar, jedenfalls aus der Sicht meiner Eltern.

So habe ich nie wieder „gebuddelt." Die für mich schmerzvollste Strafe war, dass Oma weinte und ich den Rest des Jahres nicht mehr allein bei Omi und Opi schlafen durfte.

Mein Schokoladenfach

Ich habe als Kind schon gern Schokolade gegessen, woran sich bis heute nichts verändert hat. Zu der Zeit war ich etwa 6 Jahre alt und ging noch nicht zur Schule. In der DDR gab es nicht so viele Sorten und die Schokolade, die es gab, bekam ich als Kind nicht so oft, wie ich es vielleicht gern gemocht hätte.

Onkel Kurt, der große Bruder meines Opas, lebte mit seiner Frau Grete, in Berlin Neukölln. Das war im ehemaligen Westteil der Stadt Berlin. Vor dem Mauerbau war das gar nicht so weit weg von Omi und Opi. Aber danach war auch das anders geworden.

Wenn Onkel Kurt und Tante Grete bei Omi und Opi zu Besuch waren, sind auch wir vier häufig dort gewesen. Es war schön, auch wenn Tante Grete mir nie wirklich sympathisch wurde. Onkel Kurt hingegen spielte gern mit mir und ich mit ihm. Beide hatten auch immer etwas für meinen Bruder und mich mitgebracht. „MAOAM", „Bounty", „BubbleGum" „Ritter Sport" „Smarties" und „Milka" aber auch Filzstifte in Farben, die ich sonst in meinem Buntstiftekasten nicht fand.

Klar, dass bei den vielen Süßigkeiten die Eltern irgendwann auch mal „Halt" sagten. Dieses Wort hat mir als Kind in diesen Momenten gar nicht gefallen. Es war einfach viel zu verlockend davon und davon zu naschen. So kamen Oma und Opa auf die Idee in ihrem Kühlschrank in der Küche ein Schokoladenfach für mich und eines für meinen Bruder einzurichten. So konnten wir die Schokolade, oder andere Süßigkeiten, in das eigene Fach legen. Immer wenn ich dann bei Omi und Opi war, war da auch etwas Süßes für mich in meinem Fach. Es war gar nicht so leicht, mir die vielen Süßigkeiten einzuteilen, aber genau das sollte ich wohl lernen. Naja, das mit dem Lernen war für mich auch nicht so leicht.

Irgendwann hatte Opa dann mal etwas mit Schokolade für Oma und für sich gekauft. Der Kühlschrank meiner Großeltern fasste 140 Liter, er hieß, glaube ich, auch „dkk140". Es war eine große Packung und so packte Opa diese in mein Schokoladenfach, denn dort war sicherlich mehr Platz als in dem, meines Bruders. Oma und Opa aßen dieses Schokoladige ganz gern, aber nicht in großen Mengen mit einem Mal. So ist einige Zeit vergangen bis ich das nächste Mal bei meinen lieben Großeltern zu Besuch war und Omi und Opi dachten ganz sicher nicht mehr an dieses Schokoladige. Sonst hätten die zwei es garantiert aus meinem Schokoladenfach herausgenommen.

Ich ging nach dem Mensch-Ärger-Dich-nicht spielen in die Küche und öffnete den Kühlschrank. Die Schachtel, die darin lag, hatte ich zuvor noch nie in meinen Händen und habe mich ganz doll darüber gefreut. Ich öffnete die Schachtel und innen waren ganz viele Schokoladenstücke. Ich wunderte mich darüber, dass schon einige fehlten, aber probiert habe ich trotzdem. Irgendetwas war in der Schokolade, aber gefüllte Schokolade kannte ich ja von den, von Onkel Kurt und Tante Grete mitgebrachten Sorten. So dachte ich, dass die beiden vielleicht bei meinen Großeltern gewesen seien und etwas für mich mitgebracht hatten. Ich nahm mir noch ein zweites Stückchen und als ich es aufgegessen hatte, lief ich wieder in die Stube zu Oma und Opa. Oma kam mir auf dem fast 10 Meter langen Flur entgegen und ging in die Küche, um Kartoffeln für das Mittagessen zu schälen. Das hatte mir mein lieber Opi erzählt und er sagte auch, dass ich heute keinen Mittagschlaf machen brauche. Schließlich bin ich schon sechs und komme bald in die Schule. Ich machte gern Mittagsschlaf bei meinen Großeltern, aber in dem Moment freute ich mich, keinen zu machen, denn ganz sicher hatten die zwei etwas mit mir vor. Das hob meine Freude noch mehr. Nach dem Mittag bin ich nochmal in die Küche gegangen und habe mir noch zwei Stückchen genommen.

Danach wurde mir schlecht und schwindlig. Es ging mir gar nicht gut und ich war traurig. Traurig, weil Omi und Opi doch sicherlich etwas Schönes vorhatten und weil sich beide nun um mich sorgten. Ich weiß heute nicht mehr, wer von beiden auf die Idee kam, mich zu fragen, ob ich Schokolade gegessen hatte. Aber ganz sicher hatte ich diese Frage bejaht. Dann muss es den beiden wie Schuppen von den Augen gefallen sein, dass in meinem Schokoladenfach etwas drin lag, was dort nicht hingehörte. Einer von beiden hat sicherlich in diese Schachtel hineingesehen und bemerkt, dass mehr rausgenommen war, als beide in Erinnerung hatten. Das konnte nur bedeuten, dass ich etwas von diesem Schokoladigen gegessen hatte. Genauso war es auch. Oma legte mich in Opas Bett, sie legte sich neben mich und streichelte mir über meinen Kopf, der inzwischen weh tat. Opa hatte, aus dem Gemüseladen, in dem Omi immer mal arbeitete, einen Krankenwagen angerufen und sich dann neben mich gesetzt. Der Krankenwagen kam schon eine knappe Stunde später, erzählten mir die beiden einige Jahre später, und ich bekam dann von Omi etwas sehr salzig Schmeckendes zu trinken. Sie hatte noch nie darauf bestanden das ich irgendetwas austrinke oder aufesse, aber dieses Mal schon. Das schmeckte nicht gut und danach habe ich alles, auch das schöne Mittagessen, erbrochen.

Alles war nun raus und ich war geschafft. Das war vielleicht anstrengend für mich. Ich wurde müde und bin in Omis Arm eingeschlafen. Als ich aufwachte, lag ich allein im Bett. Ich bemerkte zuerst, dass es mir besser ging und dass meine Kopfschmerzen weg waren. So ging ich ins Wohnzimmer, wo beide schon saßen und sich freuten, dass es mir wieder besser ging.

Beide erzählten mir, auch viele Jahre später, dass sie an dem Nachmittag mit mir in den Zirkus gehen wollten. Die Karten waren zwar schon gekauft, aber all dies war beiden egal. Das einzig wichtige war, dass es mir wieder besser ging. Und eines noch: Weinbrandbohnen habe ich nie wieder gegessen, auch später als Erwachsener nicht. Was ich seit einiger Zeit, mal ganz gern esse heißt: Mon Cherie.

Laufen, tauchen oder schwimmen

Es war ein schöner Sommertag und Omi und Opi sind mit mir in den Pionierpark „Ernst Thälmann", das heutige Freizeit- und Erholungszentrum in der Wuhlheide gegangen. Der Weg von meinen Großeltern dorthin war nicht sehr weit und die Sonne war für mich als kleinem Jungen einfach nur schön. Als wir im Pionierpark angekommen waren, wartete schon die erste Überraschung auf mich. Heute würden wir nicht zum Badesee laufen, sondern mit der Pioniereisenbahn fahren.

Was für schreckliche Erlebnisse ich mit dieser Pioniereisenbahn in einigen Jahren verknüpfen würde, ahnte jetzt noch keiner von uns. Omi und Opi nicht, meine Mutter oder Papa nicht und ich schon gleich gar nicht. Mehr darüber finden Sie auch in meinem Buch „Wertvolle Freiheit".

Opi kaufte für uns die Fahrkarten bei einem Mädchen, dass wahrscheinlich nur ein paar Jahre älter war als ich. Dann warteten wir auf den Zug, der uns zum Bahnhof „Badesee" bringen würde. Dieses Erlebnis prägte sich mir sehr tief ein. Dieser Ausflug war in dem Sommer bevor ich ein Schulkind werden würde, also Sommer 1969. Wir fuhren ein paar Stationen mit der Pioniereisenbahn und sogar die Schaffnerin war ein Kind, war ein Mädchen. Am Bahnhof „Badesee" ausgestiegen gingen wir drei zum Badesee. Ich konnte noch nicht schwimmen, darum sollte ich nicht ins tiefe Wasser gehen. Das war kein Problem, denn es gab eine Absperrung zwischen dem Nichtschwimmerbereich und dem für Schwimmer. Ich war auch als Kind schon recht groß, was mir hier den Vorteil verschaffte, dass ich weit ins Wasser hineingehen konnte.

Opi kam mit mir und als wir an der Markierungslinie waren, schwamm er los. Vorher hatte er mich darum gebeten hier zu bleiben, damit wir gemeinsam wieder zurücklaufen konnten. Kein Problem, dachte ich, wenn Opa das so möchte, mache ich das. Er schwamm eine ganze Weile und kam dann wieder zu mir. Gemeinsam gingen wir wieder an den Strand zu Omi. Wenn du ein Schulkind bist, erklärte er mir, dann lernst du im Schwimmunterricht, genau wie Klaus, das Schwimmen. Dann können wir auch gemeinsam schwimmen gehen. Für mich als Kind dauerte es also mindestens noch endlose sechs Wochen, bis auch ich in die Schule durfte.

Es war ein schöner Vormittag und die Zeit hier war ziemlich schnell vergangen. So hieß es anziehen, alles zusammenpacken und wieder nach Hause laufen, doch halt. Hier fehlte etwas. Omi und Opi hatten sich zu ihrem Hochzeitsjubiläum zwei neue Trauringe machen lassen. Opi hatte seinen nicht mehr um. Wir suchten alles ab, überall am Strand wo wir gesessen, gelegen und gelaufen sind. Er war nicht zu finden. Opi wurde schon traurig und ich wollte ihm unbedingt beim Suchen helfen. Auch Omi suchte überall mit. Es blieb dabei, der Ring war nicht zu finden. Da hatte ich eine geniale Idee. Ich lief ins Wasser schaute immer auf den Boden des Sees. Dann tauchte ich mal, weil am Boden etwas golden glitzerte. Ich lief weiter und weiter, dann tauchte ich wieder und als ich wiederauftauchen und weiterlaufen wollte, konnte ich nicht mehr stehen. Ich hatte keinen Boden mehr unter meinen Füßen.

So versuchte ich mich auf dem Wasser fortzubewegen. Das gelang mir auch einigermaßen gut. So hatte ich zwar das Schwimmen gelernt, aber der schöne Ring blieb verschwunden. Omi und Opi hatten nun keinen gemeinsamen neuen Ring mehr. Ein paar Tage später erzählte ich zu Hause davon und auch wie ich schwimmen gelernt hatte. Meine Mutter schimpfte sofort los, was ich mir dabei gedacht hätte.

Papa antwortete nur in seiner ruhigen Art, dass es gut sei, dass mir nichts passiert ist. Omi und Opi würde er jetzt helfen, gemeinsam mit unserer Mutter. Sie ließen sich Omis Ring zeigen und fragten, wo sie diese Ringe gekauft hatten. Papa kaufte den beiden neue Ringe und diesmal auch wirklich passende. Oma und Opa waren stolz auf mich, da ich schwimmen konnte und stolz auf ihren Sohn und seine Frau, unsere Eltern.

Opa serviert den Kakao

Wenn es kalt war, wurde in der Stube und auch ein wenig im Schlafzimmer meiner Großeltern geheizt. Der Beistellofen in der Küche machte die Küche etwas wärmer und war auch für die Herstellung heißer Getränke sehr nützlich. In der Adventszeit legten Omi und Opi immer Apfelsinenschalen in die Ofenröhre. Nach einer Weile roch es in der Stube nach Apfelsinen. Das war ein sehr angenehmer Duft und ich freute mich besonders darüber, wenn ich mal eine Apfelsine zu essen bekam. Ein paar Jahre später reagierte ich allergisch darauf und es war vorbei mit Apfelsinen, Zitronen und Nüssen. Gott sei Dank bekam ich nie eine Schokoladenallergie.

Omi und ich setzten uns dann an den Ofen, genossen die Wärme und immer öfter fing Oma an zu singen. Dann war ich still und selbst Opi schlich dann ganz leise in das Wohnzimmer, in die gute Stube. Als kleines Kind habe ich dann zugehört und war ganz gespannt, wie es in dem Lied weiterging. Omi war im Kirchenchor und konnte wunderschön singen. Wenn Opa mich dann noch auf seinen Schoß nahm und mit seiner tiefen Stimme mitsang, dann war das eine wunderschöne Atmosphäre, die mir ein Gefühl von Geborgenheit und Liebe vermittelte.

Ab meinem 5. Geburtstag, also ab Ende 1968 etwa durfte ich, wenn ich bei meinen Großeltern war am Abend mit zur Chorprobe gehen. Wow, das zu beschreiben, wie schön dies war, fällt mir heute schwer. Es war einfach traumhaft.

Alle anderen Kinder, davon war ich überzeugt, gingen wie ich sonst auch um 19:00 Uhr ins Bett. Der Sandmann war zu Ende und zu Hause hieß es dann immer: „Ausziehen, Schlafanzug an, Gute Nacht sagen kommen und ab ins Bett".

Aber hier durfte ich mit Omi nach draußen. Der Weg war nicht sehr weit, aber es war schön mit meiner Omi durch die Straßen zu laufen. Wenn wir die Kirche erreicht hatten, sagte Oma immer zu mir: Jetzt müssen wir schön leise sein, es könnte ja jemand drinsitzen und beten oder einfach nur Ruhe haben wollen. Manchmal war jemand in der Kirche, der nicht zum Chor gehörte.

Die Mitglieder des Chores begrüßten alle einander und manche begrüßten auch mich. „Es ist schön, dass du deine Oma begleitest. So muss sie nicht allein laufen und du kannst uns immer sagen, ob du uns auch gut hören kannst." Manchmal sang der Chor auch sehr leise, aber nur wenn der Mann, der vor dem Chor stand, das so wollte. Heute weiß ich, dass dieser Mann der Chorleiter bzw. der Dirigent war.

Mein Lieblingslied in dieser Adventszeit war „Stille Nacht, Heilige Nacht" und das ist es auch heute noch. Hin und wieder kam es vor, dass ich mir ein Lied wünschen durfte. Da ich noch nicht lesen konnte, bat der Mann mich dann, das Lied – so gut ich konnte – zu singen. Der Chor wusste schnell welches Lied ich da sang.

Es dann vom Chor gesungen zu bekommen, erfüllte mich mit Dankbarkeit und Omi begann so den Grundstein für meinen christlichen Glauben zu legen. Einfach so durch die Musik und die Gespräche, die manche Chormitglieder auch mit mir führten.

Nach einiger Zeit war die Probe zu Ende und ich war oft traurig, dass es schon vorbei war. Der Chor sang so schön für Jesus Christus und für mich. Das hätte er gern auch noch länger machen können.

Nicht nur weil ich so noch länger aufbleiben konnte, sondern vor allem, weil es so schön war, zuzuhören.

So gingen alle wieder nach Hause. Auch wir verließen die Kirche und ich merkte schnell, wie müde ich war. Es war kalt und so froren wir beide. Omi hatte schnell kalte Hände bekommen und ich freute mich, ihr helfen zu können. Meine Hände wurden selten kalt. So nahm ich Omis Hand in meine und wärmte sie mit meinen kleinen Händen. Omi tat das immer sehr gut. Unterwegs sagte sie manchmal zu mir, dass wenn wir zu Hause sind, wir uns an den Ofen in der Stube setzen, den Opi vorher nochmal ordentlich eingeheizt hat, einen heißen Kakao trinken. Ich freute mich darauf, mit beiden noch zusammen zu sein.

Opa nahm wie immer meiner Oma den Mantel, den Hut, den Schal und das Gesangbuch ab. Dann zog ich mich aus und wir gingen in die Stube. Hier war es schön warm. „Setzt euch, ihr müsst doch durchgefroren sein" sagte er und ging wieder hinaus. Kurze Zeit später stand er mit einem Tablett und drei Tassen Kakao wieder in der Stube. Ich erzählte ihm von dem wunderschönen Konzert, welches Jesus und ich gehört hatten, trank nebenbei meinen Kakao und musste immer öfter gähnen. „Na komm, wir bringen dich mal ins Bett" sagten sie zu mir und ich war froh endlich ins Bett zu können. Natürlich hatte Opi die Wärmflasche vorher in mein Schlafanzugoberteil gesteckt und alles zugedeckt.

Ich bekam noch eine Gute-Nacht-Geschichte erzählt oder vorgelesen und dann sollte ich Brötchen und Honig schlafen, damit es am nächsten Tag ein leckeres Frühstück gibt. Um alles andere würde Gott sich schon kümmern. Ich schlief ein und habe nicht mitbekommen, wann Omi ins Bett gekommen ist.

Einen Drachen bauen

Es war Herbst geworden und die Luft wurde deutlich kühler. Der Wind pustete die Blätter von den Bäumen und die Eicheln wie auch die Kastanien fielen von den Bäumen. Ich war wieder einmal für eine Woche bei Omi und Opi. Kurz vor der Einschulung von Klaus waren unsere Eltern in den Urlaub gefahren. Dieses Mal war es die Hohe Tatra.

Oma und Opa sind mit mir in den Pionierpark „Ernst Thälmann" gelaufen. Auf dem Weg dorthin bin ich mit meinen Füßen durch die Blätterhaufen gelaufen, denn das raschelt immer so schön. Meine Mutter hatte mir das häufig verboten, weil die Schuhe davon kaputt gehen würden. Bei Omi und Opi durfte ich das. Als wir im Park angekommen waren, sah ich einige Kinder mit ihren Drachen spielen. „Das möchte ich auch" hatte ich zu den beiden gesagt und Opa erklärte mir, dass ich dazu noch zu klein bin. Ich wollte aber nicht mehr zu klein sein und das sagte ich auch. Oma und Opa schmunzelten und Opa sagte, dass er mal schauen wird, ob wir nicht vielleicht doch zu Hause einen Drachen bauen können. Am besten ginge das, wenn ich nachher, nach dem Mittagessen mit Omi zusammen Mittagsschlaf machen würde. Das war für mich nicht das Problem. Ich schlief gern in dem Bett von Opa.

Im Park sammelten wir noch einige bunte Blätter, Eicheln und Kastanien. Daraus können wir zu Hause auch etwas basteln und Mama und Papa würden sich bestimmt über etwas selbst Gebasteltes ganz doll freuen, sagten Omi und Opi beinahe zeitgleich. So waren wir den ganzen Vormittag unterwegs. Immer wieder begegneten uns Kinder mit ihren Eltern oder Großeltern. Die meisten waren damit beschäftigt die bunten Blätter einzusammeln. Einige sammelten aber auch, wie ich, Kastanien und Eicheln. Ob sie auch etwas Schönes daraus basteln würden, überlegte ich manchmal und so verging die Zeit sehr schnell.

Zu Hause bei Omi und Opi angekommen, gab es erst einmal eine Brause zu trinken. Das war lecker und ich hatte auch wirklich Durst und Hunger.

Wie gut, dass hier für alles vorgesorgt war, denke ich heute beim Schreiben dieses Buches.

Ich freute mich über die Brause. Was gibt es denn zum Mittag wollte ich wissen. Heute gibt es Kartoffelsuppe mit Bockwurst, oder wie Opa sagte „Kasperlemittag." Das erfreute mich noch mehr, denn Omis Kartoffelsuppe war immer sehr lecker. So haben wir alle etwas Warmes im Bauch meinte Omi.

Ich half nach dem Essen beim Abtrocknen und danach ging es in die Koje, wie Opa sagte. Ich denke, dass ich gleich eingeschlafen bin, kaum dass ich im Bett war. Ich bin wieder wach geworden, weil ich Omi und Opi erzählen hörte und die Schlafzimmertür weit offen war. Dann stand ich auf, ging ins Wohnzimmer und Opi war gerade dabei, die Schnur für den Schwanz des Drachens abzuschneiden.

Eine kleine Anmerkung von mir: In der DDR gab es keine Baumärkte.

Woher auch immer, Opa hatte drei Holzleisten, Holzleim, grünes, fast durchsichtiges Papier und natürlich sein Werkzeug. Ich durfte an den Enden der Holzleisten mit einer Feile eine kleine Rille in die Leisten feilen. „Diese brauchen wir nachher" sagte Opa, wenn wir den Drachen bespannen. „Komm mal bitte mit in die Küche" sagte Opa zu mir und ich lief ihm hinterher. Er bat mich die Leisten festzuhalten, da er in jede ein paar Löcher bohren musste. Das tat ich doch gern, zum einen, weil ich helfen durfte zum anderen, weil ich mit Opa zusammen den Drachen bauen wollte. Als wir fertig waren, gingen wir wieder ins Wohnzimmer.

Ich durfte die kleinen Holzleisten holen und gemeinsam mit Opa wieder in die Küche gehen. Opa sagte zu mir „Hier können wir am Ende einfach alles wegfegen und wischen und Omi freut sich, wenn wir ihr nicht den ganzen Schmutz hinterlassen." Das leuchtete mir schnell ein, denn so kannte ich es von zu Hause auch. Jetzt klebten wir die kleinen Leisten an die große Leiste. Eine rechts und eine links. Die Stellen, wo sie hinkamen hatte Opa vorher schon angezeichnet. Beim Ankleben musste ich aufpassen, dass ich nicht die Enden nahm, die ich vorher mit der Feile bearbeitet hatte. Alles war richtig und hielt fest. Jetzt können wir anfangen das grüne Papier zurechtzuschneiden. Opa nahm das Holzkreuz hoch und ich sagte, dass dies so aussieht wie in der Kirche nur viel kleiner. „Ja", sagte Opi „da hast du aber gut aufgepasst und es dir auch noch gemerkt." Ich freute mich über die Worte von Opa und legte nun ganz stolz das grüne Papier auf den Küchentisch, den wir vorher mit Zeitungspapier abgedeckt hatten. Ich bekam eine Schere in die Hand und Opa achtete darauf, wo ich schneide. Ganz vorsichtig hatte ich das Papier nun auf die richtige Größe geschnitten.

Opa testete das Kreuz auf seine Festigkeit und dann band er die Schnur um alle vier Enden. Immer schön in die Rillen, die ich zuvor gefeilt hatte. „Siehst du, darum ist es so wichtig, dass du gut gearbeitet hast." Als er das sagte, streichelte seine große Hand über meinen Kopf.

„In der Zeit wo die Klebestellen noch trocknen, können wir den Schwanz mit ein paar Schleifen verschönern" sagte Opa. „Oh ja" sagte ich und schon hatte Opa mehrere Farben Papier in der Hand.

Daraus bastelte ich die Schleifen und Opi klebte sie an den Schwanz. „Das sieht lustig aus, so schön bunt wie er ist" sagte ich und Opi stimmte mir zu.

„Jetzt können wir das grüne Papier um die Schnur legen und festkleben" sagte Opi. Ich legte das Papier und Opi klebte. Es dauerte gar nicht lange, dann war der Drachen fertig. Ihm fehlten nur noch der Schwanz und die Schnur zum Steigen lassen.

Als erstes durfte ich den Schwanz an der langen Holzleiste ankleben. Opi zog die Schnur durch die Löcher und verknotete sie ganz fest. Danach knotete er die Schnur zum Steigen lassen dran und sagte: „Nun ist der Drachen endlich fertig". „Nein, der ist noch nicht fertig, er braucht doch noch ein Gesicht" protestierte ich. Da stimmte mir Opa zu und so bekam der Drachen noch zwei Augen und einen Mund aus Omis Stoffresten.

„Morgen soll es noch windiger sein als heute und da werden wir deinen Drachen steigen lassen" sagte Opa. Als ich am Abend ins Bett ging, sagte Omi zu mir, dass ich etwas schönes träumen soll. Opi las mir noch eine kleine Geschichte vor und ich träumte vom Drachensteigen lassen.

Ein leckeres Frühstück

Offensichtlich hatte Gott sich um alles andere gekümmert. Der Frühstückstisch war gedeckt. Frische Brötchen, Opis Teller mit Puddingsuppe,

Marmelade, Kaffee, Muckefuck für mich und natürlich auch Honig, etwas Wurst und Käse für Omi und auf dem Beistellherd eine Tasse mit Kakao. Auch der war für mich, das wusste ich, aber diese Tasse gab es immer erst nach dem Frühstück.

Das war ein schöner Start in den neuen Tag. Dieses Frühstück gab es immer, wenn es ein Wochentag war. Am Wochenende aß Opi auch Brötchen mit Marmelade, Honig oder Käse. Wurst mochte er morgens nicht. Ich bin auch heute noch morgens süß. Also ich esse heute immer noch Müsli, Marmelade und/oder Honig. Die herzhafteren Sachen mag meine Partnerin.

Die Musik im Küchenradio lief und manchmal sang Omi auch beim Radiohören mit, aber natürlich erst wenn alle aufgegessen hatten. Das war ihr wichtig. Und es gab noch etwas, dass ihr sehr wichtig war. Mein Bruder und ich sollten nicht so viel im Dialekt sprechen, sondern am besten in einem sehr guten Hochdeutsch.

Det fällt mia nich so leicht, det Hochdeutsch, aba so viel wie in dem Satz bärlina Icke och nich.

Wenn ich bei meinen lieben Großeltern war, wurde natürlich auch darauf geachtet, dass ich immer gut aussah, wenn sie mit mir irgendwo hingingen. Die Sachen mussten zusammenpassen, sauber sein und der perfekte Scheitel wurde mit dem Kamm von Oma gezogen und die Haare entsprechend gekämmt.

So konnte es dann losgehen, mit dem neuen Tag.

Opas Geburtstag

Mein Bruder ging seit einiger Zeit in die Schule. Von nun an benutzte er für den täglichen Schulweg den Bus. Kurz vor Opas Geburtstag hatte er einen Unfall. Er wurde, an der Haltestelle stehend, von dem Bus angefahren. Für ihn ein sehr schmerzhafter Unfall.

Zum Geburtstag von Opa fuhren wir mit einem Taxi – einem echten Taxi. Das allein war schon eine Attraktion, aber bei Oma und Opa war nicht Opa als Geburtstagskind die Hauptperson, sondern mein Bruder, der ja nun ein Gipsbein hatte. Jeder, der kam, gratulierte meinem lieben Opa zum Geburtstag und wendete sich sofort meinem armen Bruder zu und fragte ihn aus, wie das passieren konnte.

Ich fand das meinem Opa gegenüber so gemein, dass ich mich auf seinen Schoß setzte, um ihn mit meinen kleinen Armen richtig zu drücken und ihn zu trösten, denn aus meiner Sicht musste er doch traurig sein, wenn man ihn an seinem Geburtstag so behandelte.

Ich weiß nicht, ob Opa tatsächlich traurig war deswegen oder ob er sich, wie es seine Art war, eher um Klaus sorgte, der nun krank war und sich nicht wirklich bewegen konnte. Laufen und Bewegung mochte mein Bruder jedoch sehr und so war das Gipsbein für ihn ganz sicher eine ziemliche Behinderung.

Meine Oma und mein Opa waren nun beide im Rentenalter und beide hatten sich das bestimmt auch verdient. Ich selbst war fünf und wurde bald sechs Jahre alt. So würde nur noch ein knappes Jahr vergehen, bis auch ich ein Schulkind sein werde.

Oma als Trösterin

Wie hieß es doch gleich? Ein echter Indianer kennt keinen Schmerz oder ein Junge weint doch nicht gleich. Aussagen, die sicherlich so mancher Junge, der etwa in derselben Zeit geboren wurde, des Öfteren gehört hat. Heute wundert sich so manche Frau über ihren Mann und so manches Mädchen über ihren Freund, warum sich unsereiner so schwer damit tut, Gefühle zu zeigen oder diese auch nur zuzulassen. Bei meiner Mutter gab es keine Gefühle, die ich hätte zeigen dürfen. Anders war es bei meinen Großeltern und das sollte noch sehr wichtig werden, in meinem Leben.

Mein Vater fuhr mal wieder mit dem Fahrrad zu Oma und Opa und ich dieses Mal auf meinem eigenen Fahrrad.

Ein Weihnachtsgeschenk hatte sich im letzten Jahr, an Heiligabend – anders als sonst – unter dem Bett meiner Mutter befunden, und zwar in einem aus meiner Sicht riesigen Karton. Also hatte ich mich neben das Bett auf den Fußboden gelegt, um diesen Karton besser hervorziehen zu können. Mann, war der schwer. Ich hatte es geschafft und das Weihnachtsgeschenk geöffnet.

Da lag ein Fahrrad drin, ein Klappfahrrad im schönsten Himmelblau. Noch zerlegt in seine

Einzelteile, aber die Teile ließen mich ahnen, dass es ein Fahrrad sein musste.

Das Fahrradfahren zu erlernen konnte nicht so schwer sein, habe ich zumindest gedacht. Schließlich hatte es Klaus auch geschafft. Es sollte sich jedoch als schwierig herausstellen, denn es war nicht leicht, das Gleichgewicht zu halten, zu treten und auch noch zu lenken. Als ich das alles nach ein paar Monaten konnte und auch wusste, wie ich mein Rad wieder zum Stehen bekomme konnte es losgehen mit dem Radeln.

Nun konnte ich also mit meinem Rad allein fahren, solange ich keine großen Straßen benutzte. Sobald jedoch mein Papa dabei war, durfte ich auch auf die sogenannten großen Straßen. Während der ersten Fahrten sollte ich auch noch die Verkehrszeichen lernen.

So rief mein Vater einmal zu mir, ich solle anhalten, damit er sich eine Zigarette anzünden könne. Ich aber fuhr weiter, nicht weil ich den Wunsch von ihm nicht gehört hatte, sondern weil hier Halteverbot war. Ein anderes Mal bat er mich, an der nächsten Ecke links zum Bäcker abzubiegen. Oh, dachte ich, holen wir noch Kuchen oder Kekse? Ich wäre sofort links abgebogen, man durfte an dieser Ecke jedoch nur geradeaus oder rechtsherum fahren. Solche Situationen gab es bei den ersten Fahrten öfter und ich passte immer mehr auf, obwohl mir auch einige Fehler unterliefen. Es machte aber riesigen Spaß, mit meinem Papa durch die Straßen zu radeln.

Ich fuhr mit meinem eigenen Rad vor meinem Vater zu Oma und Opa. Es war eine Strecke von knapp zwanzig Kilometern, aber das sollte doch zu schaffen sein. Mein Problem bestand auch nicht unbedingt darin, die Strecke zu bewältigen, sondern vielmehr darin, dass mein Vorderrad genau in die Schienen der Straßenbahn passte. So kam es, dass ich mit dem Rad in die Schiene fuhr, stecken blieb und kopfüber über den Lenker auf den Kopfsteinpflasterboden fiel. Das tat so weh, dass ich beschloss, nie wieder auf ein Fahrrad zu steigen und damit loszufahren.

Aber nur für einen kurzen Moment, denn das Radeln machte mir sehr viel Spaß und den hätte ich nicht wieder weggeben wollen. Etwas nicht mehr zu tun, obgleich es so viel Freude bereitete, war mit mir nicht, oder nur wenn es unbedingt sein musste, zu machen.

Meine Knie waren kaputt und das Blut lief. Aber nicht nur die Knie, sondern auch meine Hände bluteten, da ich versucht hatte, mich abzustützen. Das war mir leider nicht so ganz gelungen und so hatte ich mir auch noch eine Platzwunde am Kopf zugezogen. So fuhren wir nicht mehr weiter, sondern mussten das letzte Stück des Weges – etwa zwei Kilometer – gehen und schieben. Mein Vater konnte keinen Krankenwagen rufen, denn Handys gab es damals noch nicht, weder in der DDR noch in Deutschland.

Dann kamen wir endlich bei Oma und Opa an. Schräg gegenüber von der Haustür war der Laden, in dem Oma arbeitete. Damit auch wir Kinder mal mitbekamen, dass Bananen etwas zum Essen sind, ging mein Vater mit mir dorthin. Oma, die hinter dem Ladentisch stand, bekam einen großen Schreck, als sie mich sah. Ich sehe heute noch das entsetzte Gesicht von ihr, wenn ich an diese Situation denke. Sie rief aus dem Laden einen Krankenwagen, der dann schon nach gut einer Stunde kam.

Danach nahm sie mich erst mal in den Arm und tröstete mich, meine liebe Oma. Anschließend gab es eine große Banane und eine Tasse Kakao.

Ich bekam auf jedes meiner Knie ein großes weißes Pflaster, auf meine beiden Hände wurde je ein braunes, kleineres Pflaster geklebt und auf meiner Stirn wurde ein großes weißes Pflaster gemeinsam mit einem Verband befestigt. Mein Vater sollte dann mit mir nach Hause gehen und dort meinen Impfausweis holen, um anschließend mit mir in das Oskar-Ziethen-Krankenhaus in Berlin-Lichtenberg zu gehen. Das tat er dann auch und unsere Räder blieben so lange bei Oma und Opa stehen.

Nach mehreren Stunden Wartezeit wurde ich auch endlich aufgerufen. In der Rettungsstelle dieses Krankenhauses wurde ich in den nächsten Jahren Stammkunde. Ein gebrochener Finger, zwei Platzwunden am Kopf und noch ein paar kleinere Verletzungen ließen mich, meist mit meinem Vater, dorthin gehen.

Rasieren tut nicht weh

Papa rasiert sich immer mit Wasser und einer Rasiercreme. Opa nimmt dazu seinen elektrischen Rasierapparat, einen „Bebo Sher." So hieß der Rasierer in der DDR. Ich fand das als Junge von etwa sieben Jahren interessant den Unterschied zwischen beiden Geräten herauszufinden. Aber weder Papa ließ mich – Gott sei Dank – an seinen Nassrasierer, noch Opa an seinen elektrischen Rasierapparat. Ich wusste, dass ich als Kind nichts in meine Hände bekam, womit ich mir hätte wehtun können. Aus heutiger Sicht eine völlig richtige Entscheidung. Damals als kleiner Junge habe ich das so gedeutet, dass Rasieren etwas ist, was weh tut. Papa tat mir immer leid, wenn er mal wieder ins Bad ging, um sich zu rasieren oder „um den Bart zu fahren" wie er es ausdrückte. Manchmal tat er das auch zweimal am Tag und dann meist nur, weil meine Mutter dies so wollte. Gesagt hatte sie selten etwas, aber Papa verstand ihren Blick und ihre Mimik auch ohne, dass sie etwas sagte. Papa danach zu fragen, warum er sich immer wieder weh tut, habe ich nie. Aber Oma und Opa konnte ich immer alles Fragen. Das war schön und so kam es, dass ich wieder einmal ein ganzes Wochenende bei meinen lieben Großeltern war und Opa sich morgens noch rasierte. Der Rasierer machte ein Geräusch, dass sich manchmal seltsam anhörte, jedenfalls für meine Ohren.

Ich setzte mich in die Küche und schaute meinem Opi beim Rasieren zu. Als er endlich fertig war, fragte ich ihn, ob denn das Rasieren nicht weh tut. Aus meiner Kindersicht musste es doch so sein und es dauerte immer eine gefühlte Ewigkeit bis Opi damit fertig war. Omi streichelte ihm dann einmal mehr über seine Wangen, lächelte und Opi gab ihr einen Kuss.

„Nein, rasieren tut nicht weh. Wer sich rasiert, ist schon groß und kann mit dem Apparat aber auch mit der Rasierklinge, wie Papa, umgehen. Wenn du mal groß bist, wirst du das auch können." Naja, groß war ich auch schon mit fast sieben, aber Opa meinte damit natürlich nicht meine körperliche Länge, sondern mein Alter. Dennoch zeigte er mir mal, dass beim Rasieren nichts weh tun kann, jedenfalls nicht, wenn man sich mit einem Elektrorasierer rasiert. Er fuhr damit über meinen Finger und ich sagte, dass ich dieses surrende Geräusch gar nicht höre, so wie sonst.

Viele Jahre später war mir klar, dass er den Apparat gar nicht eingeschaltet hatte, als er damit über meine Finger fuhr.

Opa erzählte mir, dass ich dieses Geräusch nur hören kann, wenn da auch Stoppeln wie in seinem Gesicht sind. „Dann musst du mal mit dem Rasierer über meine Stoppeln fahren" entgegnete ich. Oma, die inzwischen in die Küche gekommen war, aber auch Opa schmunzelten. „Du hast noch keine

Stoppeln im Gesicht" erklärte er mir. „Warum nicht?"
wollte ich wissen. „Weil nur große Jungs und Männer
diese haben" antwortete Oma. „Bevor ich mich das
nächste Mal rasiere, fährst du mal mit deinen Fingern
über meine Wangen" sagte Opa. „Nein, das piekst
immer so komisch" erklärte ich. „Siehst du, das sind
die Stoppeln in meinem Gesicht" erklärte er mir.
„Nach dem Rasieren ist seine Haut immer ganz glatt,
so mag ich Opi noch mehr" erzählte meine Oma.

Das macht Mama auch manchmal bei Papa und
dann sagt sie immer „jetzt bist du wieder glatt wie
ein Kinderpopo." Dann küssten sich die beiden
meistens. „Siehst du, die Frauen mögen glatt rasierte
Männer. Deine Mama und ich auch. Später wird deine
Freundin oder deine Frau das ganz sicher an dir auch
mögen."

„Letzte Woche hatte ich meinen ersten Kuss von
Heike bekommen. Ein anderer Junge hatte sie
einfach geschubst. Das fand ich nicht fair, so habe
ich ihm gesagt was ich davon halte, wenn er einfach
meine Freundin schubst" erzählte ich meinen
Großeltern. „Da wird sie sich bestimmt gefreut
haben, wenn du so für sie eintrittst. Vor lauter Freude
darüber hat Heike dir dann einen Kuss gegeben"
sagte Opi zu mir. Plötzlich bekam ich von Oma und
Opa auch einen Kuss. „Wir sind stolz auf dich" hörte
ich von beiden. Das waren Worte die ich zu Hause
weder von Papa und schon gar nicht von meiner
Mutter gehört hatte. Ich setzte mich auf Opas Schoß

und umarmte erst ihn und danach auch meine Oma. „Bitte setze dich immer wieder für kleinere oder schwächere ein. Überschätze dich aber nie selbst" sagte Oma zu mir und fuhr fort „das macht Jesus Christus auch. Er steht immer den Schwächeren zur Seite, auch dir und deiner Freundin Heike." „Jesus ist lieb" entgegnete ich. „Ja, er ist immer für dich da. Auch wenn du schläfst. Er ist auch für Heike, Klaus, Mama, Papa, Opa und mich da. Für alle Menschen die friedlich miteinander leben." Für mich stand in dem Moment fest, dass ich mehr über diesen Jesus erfahren möchte. „Macht Jesus keine Fehler?" wollte ich gleich wissen. „Doch ganz sicher, aber er macht danach etwas ganz Wichtiges. Er schaut, ob er seinen „Fehler" wieder berichtigen kann. Wenn nicht, gesteht er sich ein, einen Fehler gemacht zu haben.

Fehler machen

Auch wir machen Fehler. Das ist auch gut und richtig so, aber wir machen nicht nur Fehler, sondern wir versuchen danach, den Fehler wieder gut zu machen. „Wie kann ich einen Fehler wieder gut machen?" wollte ich wissen. „Wenn ich im Unterricht etwas falsch mache, kann ich mich berichtigen. Das habe ich im letzten Jahr in der 1. Klasse gelernt. Und wenn ich einen Fehler mache, kann ich immer um Verzeihung bitten." Mein Opa sagte mal einen Satz zu mir, dessen Inhalt ich erst später wirklich verstand. Er sagte „Mach in deinem Leben so viele Fehler wie du kannst, aber lerne daraus." Fehler zu machen war für mich auch gar nicht so schwierig. Was mir häufig deutlich schwerer fiel, war das Lernen aus ihnen. Was war das für ein toller Satz meines geliebten Opas. Er erlaubte mir, etwas falsch zu machen. Und er erlaubte mir zu lernen. Beides verstand ich erst einige Jahre später, aber Gott sei Dank noch rechtzeitig genug, um zu lernen.

Opa hatte es nicht immer leicht in seinem Leben und Oma ganz sicher auch nicht, aber beide sind so warmherzig, einfühlsam und können auch kritisch sein. Aber die Kritik von beiden kam bei mir immer so an, dass ich verstand, was ich falsch gemacht hatte. Manchmal setzten sie sich sogar mit mir zusammen und wir sprachen zusammen über das, was gerade geschehen war. So war das mit dem Lernen auch nicht so schwer.

Später habe ich mich ganz oft hingesetzt und überlegt, was die zwei wohl jetzt sagen würden oder was sie täten. Das hat mir geholfen Entscheidungen zu treffen, die ich sonst nicht so schnell getroffen hätte. Wenn es Fehler waren, habe ich auch das bemerkt und konnte so genau das tun, worum mich mein Opi gebeten hatte, Lernen.

Der Familienzug

Wenn Omi und Opi bei uns zu Hause zu Besuch waren, verging die Zeit schneller als sonst. Am Nachmittag gab es für meine Eltern und Großeltern Kaffee und für Klaus und für mich, Muckefuck. Selbstgebackenen Kuchen, der so gut roch, dass mein Bauch ganz leise anfing zu knurren. Manchmal gab es auch Schlagsahne dazu, die meine Mutter zuvor in der Küche geschlagen hatte. Wir saßen im Wohnzimmer an dem neuen Tisch, um den immer vier, aber dann sechs Stühle standen. Ich hatte mich oft mit meinem Bruder darum gestritten, wer neben Omi und Opi sitzt. Meist bekamen unsere Eltern das mit und wir saßen auf unseren Stühlen, auf denen wir sonst auch gesessen hatten. Klaus sein Stuhl und meiner auch, trugen einen Schutz auf der Sitzfläche. Papa hatte diese vorher aus dem Stoff genäht, den unsere Eltern vorher in einem Kaufhaus, wenn es diesen gerade mal gab, gekauft hatten. Zum Nähen setzte er sich im Schlafzimmer an Omis alte Nähmaschine, die er mit seinen Füßen antreiben musste. Dazu bewegten sich seine Füße immer nach vorn und nach hinten. An der Seite war ein großes Rad, welches über einen Riemen mit der Nähmaschine verbunden war.

Nachdem wir den Kuchen gegessen und unseren Muckefuck ausgetrunken hatten gingen wir wieder in unser Kinderzimmer. Wir spielten miteinander und waren dabei meist ganz artig.

Irgendwann wurden wir gerufen, weil es Abendbrot gab. Dann fragte unsere Mutter wer wie viel Stullen isst. Sie machte die Stullen für alle in der Küche fertig und wir durften die Teller in die Stube tragen. Das war auch jeden Tag so. Nach dem Abendbrot saßen wir sechs zusammen und unterhielten uns. Um 18:50 Uhr wurde der Fernseher eingeschaltet. Denn jetzt begann das Sandmännchen. Jeden Abend brachte uns das Sandmännchen eine Geschichte. Pittiplatsch und Schnatterinchen, Herr Fuchs und Frau Elster, Borstel und Frau Igel, Frau Puppendoktor Pille, und Taddeus Punkt waren nur einige, die im Abendgruß mit dabei waren. Zum Schluss streute der Sandmann den Schlafsand in unsere Kinderaugen und wir gingen ins Bett.

Dann kam der Familienzug durch die Kinderzimmertür. Vorn war Opi, danach Papa, danach unsere Mutter und am Schluss Omi.

Klaus sein Bett stand an der einen Wand, in der Mitte des Zimmers unser Tisch mit unseren Stühlen und an der gegenüberliegenden Wand stand mein Bett. Wir hatten seit kurzem Wandklappbetten. Wenn wir morgens unsere Betten gemacht hatten, wurde alles mit drei Gurten festgezogen, das Bett hoch- und die beiden Beine eingeklappt. So hatten wir mehr Platz in unserem Zimmer. Diese beiden

Betten waren auch ein Geschenk unserer Großeltern. Doch zurück zum Familienzug.

Er fuhr meist gleich links und kurz danach wieder rechtsherum. An Klaus seinem Bett angekommen hielt sein Arm, als Schranke, den Zug an. Einer von den vieren setzte sich auf den Rand des Bettes und erzählte eine eigene Gute-Nacht-Geschichte. Nichts Vorgelesenes, sondern einfach frei erzählt. Am Ende gab es noch einen Kuss und der Zug setzte sich wieder in Bewegung. Zweimal hintereinander rechtsherum und der Familienzug war bei mir angekommen. Auch ich hielt den Familienzug mit meinem Arm als Schranke an. Meist war Opa schnell beim Hinsetzen auf dem Rand meines Bettes. Er konnte so schöne Gute-Nacht-Geschichten erzählen, dass wir ihm sehr gern zuhörten. Er erzählte und streichelte immer mit seiner Hand über meinen Kopf. Am Ende der Geschichte stand er auf, Papa fasste ihm auf seine Schultern, Opa hupte, als Lokomotive, einmal ganz laut und dann fuhr der Zug durch die Kinderzimmertür wieder hinaus. Omi ließ dabei unsere Mutter mit einer Hand los, machte das Licht aus und schloss die Tür.

Jetzt konnten Klaus und ich viel besser einschlafen und von etwas schönem träumen. Wenn es nach mir gegangen wäre, hätte der Familienzug gern noch mehrere Runden durch unser Zimmer drehen können. Hin und wieder geschah das auch tatsächlich. Das war dann besonders schön.

Ausflug nach Zenner

An einem Wochenende hatte Oma noch am Samstagvormittag im Gemüseladen geholfen. Die Verkäuferin, die hätte eigentlich da sein sollen, war wohl kurzfristig erkrankt. Herzensgut wie Omi nun einmal war, hat sie natürlich zugesagt. So hatte ich meinen Opi den ganzen Vormittag für mich. Oma hatte mich noch geweckt und mir gesagt, dass Opa etwas Schönes mit mir vorhat. Da war die Freude bei mir groß, denn ich wusste das Opa immer etwas Schönes mit mir gemacht hat und all die schönen Zeiten, welche ich ihn nur für mich hatte, waren nicht so häufig. Ich freute mich immer bei Oma und Opa zu sein, aber Opi allein war wie noch eine Steigerung. So wie „det fetzt ein ej", wie ich als Berliner Kind sagte.

Jetzt gab es Frühstück und Opa hatte mir mein Brötchen schon aufgeschnitten. Ein scharfes Messer durfte ich noch nicht allein haben. Es gab aber mehrere Kindermesser, Messer die mehr zum Schmieren als zum Schneiden geeignet waren. Da es Wochenende war, aß Opi auch nicht seine Haferflockensuppe, sondern auch ein Brötchen oder genauer gesagt zwei.

Opi mochte es herzhaft auf dem Brötchen, so aß er Wurst und Käse, was es auf meinen Stullen nur zum Abendbrot gab. Ich mochte lieber Marmelade und hier bei Omi und Opi gab es nicht nur

Marmelade, sondern auch Honig. Die Brötchen waren noch warm, so frisch waren sie und Opis Kaffee duftete mit meinem Kakao um die Wette. Zu Hause hätte es nur Muckefuck gegeben, denn der Kakao war nur etwas für ganz besondere Tage. Als ich aufgegessen hatte, ich war als Kind schon ein sehr langsamer Esser, zogen wir uns an und liefen zur Straßenbahn. Vorher winkten wir noch Omi im Gemüseladen zu und dann ging es los. Gestartet sind wir in der Wilhelminenhofstrasse und die Straßenbahn brachte uns bis zum S-Bahnhof Schöneweide. Für mich als Kind war schon diese Fahrt sehr interessant. Alles was ich wissen wollte, konnte ich bei meinem Opi erfragen und mit aller Ruhe erklärte er mir, was ich wissen wollte. Am S-Bahnhof angekommen liefen wir nach oben zum Bahnsteig und wir konnten immer mit der nächsten S-Bahn fahren, die dort ankam.

Dass ich später diese mal selbst fahren würde, habe ich damals noch nicht gedacht.

Dieses Mal stiegen wir nach drei Stationen, am S-Bahnhof Treptower Park, wieder aus. Wir liefen direkt in Richtung Spree, an den Schiffen der „Weißen Flotte" vorbei bis zu einem großen Gartenrestaurant, dem „Zenner". Opa holte sich eine „Berliner Weiße mit Schuss" und für mich brachte er eine Brause (Limonade) mit.

Da Opa mit einem Strohhalm trank, wollte ich natürlich auch einen haben. Das hatte er wohl schon eingeplant und gab mir einen Strohhalm und noch dazu einen grünen. Grün ist meine Lieblingsfarbe, das war auch schon als Kind so. Gleich danach kommt Bunt.

Ich fragte Opi, ob ich mal von seinem Bier probieren darf. „Nein, dafür bist du noch zu klein" war seine Antwort. „Aber du darfst mal einen Finger in den Schaum stecken und ihn dann ablecken." Das klang so verführerisch, dass er das nicht zweimal sagen musste. Er schob sein Glas ein Stück zu mir rüber und so kam ich an das Glas heran. Hinein mit meinem rechten Zeigefinger und dann schob ich ihn in meinen Mund. Wirklich geschmeckt hat mir das nicht, aber ich selbst hatte diese Erfahrung machen dürfen, und allein das war es mir wert. Da ich nun bei Opi probiert hatte, wollte er auch von meiner Brause probieren. „Aber nicht so viel" sagte ich zu ihm. Opa schmunzelte und nahm einen kleinen Schluck aus meinem Glas. „Die ist mir zu süß" sagte er. So konnten wir unsere Getränke selbst trinken. Danach machte Opa mit mir einen kleinen Spaziergang durch den Treptower Park und am Ende kamen wir wieder bei der S-Bahn an. Die S-Bahn war jetzt voller, aber das war kein Problem. Auf Opis Schoß war genug Platz für mich und ich konnte ihn umarmen. Das mochte er immer sehr gern, denn er streichelte mir dann mit seiner großen Hand über den Kopf. Als wir mit der Straßenbahn wieder an der Haltestelle   Wilhelminenhofstrasse/Rathenaustrasse angekommen waren und aussteigen mussten, half er mir immer beim Aussteigen, denn die Stufen waren sehr hoch. Zum Schluss nochmal einen Fußweg von gut zehn Minuten und wir waren wieder zu Hause.

Omi schickte uns beide zum Händewaschen und dann gab es zum Mittag Eierkuchen mit Marmelade. Ich habe die besten Großeltern gehabt, die ein Kind sich wünschen kann.

Urlaub für Sechs

Klaus und ich bekamen zwei Wellensittiche geschenkt. Ein Männchen und ein Weibchen. Das Männchen war blau/weiß und das Weibchen grün/gelb. Natürlich brauchten die zwei auch Namen. Klaus meinte, dass das Männchen Koko heißen sollte. Da das Weibchen sehr kuschelbedürftig war, bekam es von mir den Namen Kraule. Am liebsten ließ sie sich am Kopf kraulen.

Wer von Ihnen, liebe Leser*innen, selbst mal Wellensittiche hatte oder noch besser hat, hat sicherlich auch über die eigenen gefiederten Familienmitglieder eine Menge zu erzählen.

Natürlich bekamen wir auch ein Vogelhaus dazu, welches Papa selbst gebaut hatte. Ich habe bis heute keine Ahnung wann er das, neben seinem Vier-Schicht-Dienst gemacht hat, aber er hat. Und zwar ein sehr schönes. Es hatte unter anderem eine große Tür zum Hinein- und Herausfliegen, zwei kleinere

Türen einmal für das Badehäuschen und einmal, damit wir Leckerbissen hereingeben konnten. Jedenfalls hatte er sich das so gedacht. Es stellte sich jedoch sehr schnell heraus, das Kraule sehr dominant und Koko der eher zurückhaltende war. Immer wenn Koko baden wollte, flog Kraule zum Badehaus und jagte ihn raus. Wer jetzt glaubt, dass sie baden gehen wollte, der irrt. Nein, Kraule saß in der Tür und hielt das Badehaus besetzt. Koko flog wieder hoch auf eine Stange und klagte dem Wetzstein sein Leid. Der hielt wenigstens still und hörte zu. Es war lustig ihm dabei zuzusehen und zuzuhören. Irgendwann flog Kraule auch wieder weg vom Badehaus und setzte sich auf die gleiche oder auch eine andere Stange. Kaum hatte Koko das bemerkt, machte er sich auf den Weg zum Badehaus. Fast immer war Kraule schneller und besetzte den Eingang. Da der arme Koko wohl zu schüchtern war und er so wohl nie zum Baden kommen würde, kauften wir ein zweites Badehaus. Nun sollte es kein Problem mehr sein, dass auch er ein erfrischendes Bad nehmen kann. Doch auch jetzt hatten wir die Rechnung ohne unsere Kraule gemacht.

Richtig, sie flog jetzt von einem zum anderen Badehaus. Dieses Spiel hielt sie jedoch nicht lange durch. Koko hatte es geschafft, einen Platz im Badehaus zu ergattern und ließ sich daraus auch nicht mehr vertreiben.

Der nächste Urlaub stand an, doch dieses Mal wird einiges anders sein als zuvor. Koko und Kraule würden den Urlaub bei Omi und Opi verbringen. Zwei Wochen werden wir vier im Vogtland sein. Alles was die beiden benötigen, haben wir vorher eingekauft. Hirsekolben, ihr Leckerbissen, Futter, eine Tüte Vogelsand und zwei Halterungen für Apfelstücke. Die fressen Koko und Kraule auch sehr gern.

Papa hatte die zwei zu Oma und Opa gebracht und wir, Klaus und ich, hatten uns zu Hause noch von den beiden verabschiedet.

Am Abend überlegte ich lange, ob Koko und Kraule auch gut schlafen können, denn das alte Tuch, welches wir immer zum Abdecken des Käfigs genutzt hatten, war im Lauf der Zeit reif für eine Wäsche. So hatten die beiden ein neues Tuch bekommen. Am nächsten Morgen begann unser Urlaub. Wir fuhren zum Ostbahnhof und von dort bringt uns der D-Zug direkt nach Plauen.

Koko und Kraule wurden am Morgen, wie bei uns mit den ersten Sonnenstrahlen wach. Es dauerte nicht lange und ihr Tschilpen war zu hören. Oma und Opa waren schon etwas länger wach, aber da von den beiden Vögeln kein Pieps zu hören war, hatten sie das Tuch auch noch über dem Käfig gelassen.

So wie Omi und Opi uns Kinder verwöhnten, so verwöhnten sie auch unsere Vögel. Morgens zum Frühstück gab es ein gekochtes Ei, ohne dem Eigelb und ein großes Kopfsalatblatt wurde geteilt und in die

Halterungen für den Apfel geklemmt. Natürlich gab es auch frisches Wasser in die Trinkbehälter. Den Käfig hatten sie auf unseren Kindertisch gestellt und ihn genau vor das Fenster im Wohnzimmer. Jeden zweiten Tag, hängten sie auch die Badehäuser in die geöffneten kleinen Türen des Käfigs.

Die Äpfel, die Opi sehr gern aß, teilte er sich jetzt mit unseren Wellensittichen. Immer wieder hatte er auch die Apfelstücke ausgewechselt, denn nach zwei Tagen sahen sie nicht mehr so schön aus. Schließlich arbeitet Omi im Gemüseladen, da gab es öfter mal einen Apfel oder ein Kopfsalatblatt.

Für unsere Wellensittiche war dies ein Urlaub, wie im 5-Sterne-Hotel mit Vollpension.

Wir vier waren inzwischen an unserem Urlaubsort angekommen. Es war ein Privatquartier, welches Papa über den FDGB (Freier Deutscher Gewerkschaftsbund) bekommen hatte. Zwei Erwachsene und ein Kind. Eine Tochter und sie stellte sich Klaus und mir vor. Klaus hatte sie die Hand gegeben und ihren Namen gesagt, mir gab sie die Hand, nahm mich in ihren Arm und statt ihren Namen zu nennen drückte sie mich ganz doll. Ich fand das schön und dass sie Jana heißt, wusste ich ja schon.

Die Frau zeigte uns vieren unsere Schlafplätze, die Küche, das Wohnzimmer und die Toilette im Hof. Dort stand ein kleines Holzhäuschen und darin war keine Toilette, sondern ein großes Brett, aus dem ein Loch ausgesägt war, dass aussah wie ein

Toilettenrand. Sobald jemand die Tür öffnete kamen unzählige Fliegen angeflogen. Die Ferienwohnung war sehr schön und die Familie war auch sehr nett, aber dieses „Plumpsklo" toppte wirklich alles.

Koko und Kraule bekamen nach ein paar Tagen ihren ersten Freiflug im Wohnzimmer von Omi und Opi. Sie flogen sehr gern, waren sehr zutraulich und hatten ihren Spaß. Auf Opis Schulter oder Omis Kopf waren scheinbar sehr gute Landeplätze. Falls sie diese verpassten, landeten sie einfach auf dem Tisch.

Wenn Omi oder Opi jetzt zur Toilette oder in die Küche gehen wollten, konnten sie dies nur einzeln tun. Denn sie trauten sich es nicht, die zwei durch die ganze Wohnung fliegen zu lassen. Auch konnten sie so das Zimmer nicht verlassen, wenn Koko oder Kraule auf der Schulter oder auf dem Kopf saßen. So schnell waren sie, auch bei uns zu Hause, von diesen Plätzen nicht wegzubewegen. Omi und Opi taten alles, damit sich Koko und Kraule bei ihnen wohl fühlten.

Wir vier hatten uns hier in Plauen sehr schnell eingewöhnt. Auch das umständliche, wie der Gang zur Toilette, wurde einfach angepasst. Nur nachts im Schlafanzug über den Hof mit der Taschenlampe in der Hand, hoffend darauf, dass die Toilette frei sein würde, war nicht so ganz leicht. Es bekam von uns vieren die Bezeichnung WFPC (Wenzels-Fliegen-Plumps-Clo). Toilettenpapier gab es nicht, dafür lagen mehrere gut geschnittene Teile der letzten

Tageszeitungen auf dem Brett. Notfalls auch Illustrierte. Richtig, beides war dafür gedacht, sich nach dem Toilettengang zu säubern.

Die Stadt Plauen und auch die Umgebung waren sehr schön. Es hat uns dort gefallen. Wir waren jeden Tag woanders. Am Abend sind wir zwei oft sehr müde in unsere Betten gefallen. Unsere Eltern gingen manchmal zu Familie Wenzel und verbrachten dort noch einige Zeit. Klaus und ich waren dafür zu müde, aber im Bett unterhalten ging auch für uns beide noch. An einem Tag hatten wir nur Dauerregen und es war sehr warm. Draußen ist es wie im Waschhaus hatte unsere Mutter gesagt. So kam Familie Wenzel zu uns rüber. Die Erwachsenen waren unter sich und wir spielten mit Jana. Es entstand eine Freundschaft unter den Eltern und so auch unter uns Kindern. Diese hielt auch noch ein paar Jahre an.

Die Zeit von zwei Wochen war sehr schnell vergangen und wir fuhren wieder nach Hause. Das war ein schöner Urlaub, aber zu Hause vermissten wir zwar Koko und Kraule, aber das WFPC nicht. Mir wurde sehr schnell bewusst, wie gut wir vier es haben. Warmes Wasser aus der Wand, ein Badezimmer und eine Waschmaschine, die unsere Eltern erst kürzlich gekauft hatten. Am Abend konnte ich nicht einschlafen. Ich dachte an Koko und Kraule, die noch eine Nacht bei Omi und Opi waren und bestimmt schon schliefen und ich dachte an Jana. Das Spielen mit ihr war viel schöner und machte mehr Spaß als das Spielen mit Klaus. Naja, er war eben schon ein Schulkind und ich ging noch in den Kindergarten. Jana hatte erzählt, dass sie im Herbst in die Schule kommt und sich schon sehr darauf freut. Bei mir dauerte es noch ein Jahr.

Am nächsten Morgen machten sich unsere Eltern auf den Weg, um unsere Wellensittiche wieder abzuholen. Klaus und ich warteten gespannt zu Hause auf den Moment, an dem sie wieder zu Hause sein würden. Es dauerte eine gefühlte Ewigkeit, aber kurz vor dem Mittag waren sie zurück und zu meiner großen Freude waren auch Omi und Opi mitgekommen und blieben das ganze Wochenende noch bei uns. Schließlich wollten sie doch hören, wie unser Urlaub war und das erzählten wir ihnen sehr gern. Sogar das WFPC kam in unseren Erzählungen vor.

Urlaub mit Oma und Opa

Ich bin mehrere Male mit meinen lieben Großeltern in den Urlaub gefahren. Zum einen, weil es Urlaubsunterkünfte für vier Personen nicht einfach gab, zum anderen, weil Klaus lieber mit unseren Eltern Urlaub gemacht hat als ich. Klaus war zum Beispiel auch nie in einem Ferienlager, ich bin dort jedes Jahr gern hingefahren. Zunächst als Kind und einige Jahre später auch als Betreuer.

Unsere Eltern fuhren mit Klaus in das Riesengebirge. Dort gab es nur noch Quartiere für maximal drei Personen. Am vierten Tag reiste eine vierköpfige Familie dort ab, da es hier nur Wald gibt. Das erzählten unsere Eltern am Ende auch Oma und Opa, als wir uns zu Hause wiedertrafen. Beide schüttelten nur mit dem Kopf und sagten nichts.

Dieses Mal ging es für mich eine Woche in die sächsische Schweiz. Ich freute mich besonders darauf, mit Omi und Opi eine ganze Woche verbringen zu dürfen. Ich war vier Jahre alt und Opi hatte noch ein Jahr zu arbeiten, bis er in Rente ging. Wir hatten unser Quartier durch Opi bekommen. In Postelwitz, neben Bad Schandau und unterhalb der Ostrauer Scheibe haben wir unser Quartier bezogen. Vorher gab es aber noch einiges an Vorbereitungen. Koffer packen, meinen Rucksack packen, Fahrkarten kaufen und den Fahrplan kennen.

Der Fahrplan für die D-Züge der DR (Deutschen Reichsbahn) war zusammengefasst im Kursbuch der DR. Dieses Buch las Opi wie einen spannenden Krimi. Er kannte einige Verbindungen sogar auswendig, obgleich er nie bei der Eisenbahn gearbeitet hat. Papa, sein Sohn, arbeitete bei der Berliner S-Bahn, aber er kannte keine Verbindung, der DR, auswendig.

So fuhren wir vom Berliner Ostbahnhof nach Dresden Hauptbahnhof und von dort mit der S-Bahn nach Bad Schandau. Endlich angekommen, wartete das erste Abenteuer. Da der Bahnhof Bad Schandau und der Ort Postelwitz auf zwei verschiedenen Seiten der Elbe liegt, mussten wir uns noch mit einer Fähre über die Elbe setzen lassen. Wir brauchten nicht lange suchen, um unser Quartier zu finden, denn Postelwitz bestand damals nur aus einer einzigen Strasse.

Am ersten Tag war Ankommen und einmal durch den Ort gehen angesagt. Abends ging ich freiwillig schlafen, denn die vielen Eindrücke des Tages und dann noch das Sandmännchen hatten mich so müde gemacht, dass ich nur noch ins Bett wollte.

Am nächsten Morgen war ich hellwach und für jedes Abenteuer und jeden Spaziergang bereit. Und tatsächlich sollte es an diesem Tag ein Abenteuer geben. Wir fuhren mit einem Aufzug, aber nicht so einem wie zu Hause, sondern einem offenen Aufzug. Die Kabine war aus Metall gebaut und sie fuhr in einem Turm, der ebenfalls aus Metallträgern bestand. Es dauerte eine ganze Weile bis wir oben angekommen waren. Kaum waren wir ausgestiegen, nahm Opi sein Fernglas aus seinem Rucksack und betrachtete die wunderschöne Umgebung. Dazu hockte er sich neben mich und beschrieb mir was er alles sehen konnte. Am Ende sagte er: „Da ist mein Enkel Gerd, ihn mag ich so sehr wie seine Omi." Ich freute mich und nahm Opi in meine Arme. Opi nahm mich auf seinen Arm und stand auf. Jetzt hatte ich schon eine viel größere Aussicht, denn Opi war zwei

Meter groß. Er hing mir sein Fernglas um den Hals und so konnte ich auch durch sein Fernglas sehen. Der Ausblick war wunderschön. Am Ende entdeckte ich Omi und ihn. Dann ließ ich das Fernglas los und nahm Opi in den Arm. Er stellte mich wieder auf meine Füße und ich ging zu Omi und drückte sie auch so doll ich konnte. Wir liefen noch zu den Schrammsteinen und von dort wieder zurück zum Aufzug. Jetzt ging die Fahrt wieder nach unten. Das war schön und die Zeit war sehr schnell vergangen.

Am nächsten Tag fuhren wir zum Königstein. Dort gab es eine große Festung zu sehen. Jetzt kam meine Neugier wieder durch und ich fragte und fragte. Das war für Oma und Opa völlig in Ordnung. Sie fanden es eher gut, dass ich so viel fragte, denn es zeigte ihnen wohl, dass mich dies und jenes interessierte und das es eine gute Idee von ihnen war, mit mir hierher zu fahren. Wir verbrachten den ganzen Tag dort und auf der Rückfahrt war ich schon einmal eingeschlafen. Ganz dicht an Omi gekuschelt, ließ es sich sehr gut schlafen.

Am vorletzten Tag gab es noch ein Abenteuer für mich. Eine Fahrt mit dem Sessellift. Ich war zuvor noch nie mit einem Sessellift oder einer Seilbahn gefahren. Als wir an der Bodenstation ankamen, erklärte mir Oma, dass man hier besser zu zweit nebeneinander hochfährt. Da ich noch zu klein bin, um neben einem Fremden den Sessellift zu nutzen, wäre es gut, wenn ich neben Opi sitzen würde. Omi kommt dann mit dem nächsten Sesselpaar hinterher. Ich sah mir das Ganze an und war erschrocken und ängstlich. Opi fragte: „Was ist mit dir los, Junge?" Ich entgegnete: „Ich habe Angst davor, soweit oben allein zu hängen", denn ich sagte, dass der Sessellift sich neigen würde. Er wollte wissen, wie ich darauf käme. Ich erklärte ihm: „Na du bist doch größer und schwerer als ich und wenn wir beide dort nebeneinandersitzen, hänge ich in der Luft und du bist tief unter mir." Omi und Opi lächelten, aber lachten mich nicht aus. Opi erklärte mir, dass ich keine Angst haben brauche. Wir sitzen die ganze Fahrt nebeneinander, auch wenn er schwerer ist als ich. Ich war beruhigt, denn ich wusste, dass ich meinen Großeltern vertrauen konnte. Wir setzten uns rein, der Bügel wurde geschlossen und Opi legte seinen Arm um meinen Rücken. Dann ging es los. Mit einem kleinen Ruck hatten wir keinen Boden mehr unter den Füßen. Das war schön, wir schwebten über den Bäumen. Opi hatte seinen Rucksack vor sich gebunden und holte einen kleinen Spiegel hervor. „Schau mal rein, dort hinten sitzt Omi neben einem Mädchen." Ich schaute rein und kuschelte mich an ihn. Oma und das Mädchen lachten und Omi winkte sogar. Ich winkte ihr zurück. Lange dauerte es gar nicht mehr und wir waren oben angekommen.

Plötzlich war es kein Sonnenschein mehr, sondern trübe, dunkle Wolken. Wir gingen schnell in die Holzhütte hier oben und ich bemerkte, dass dies eine

Gaststätte war. Wir waren kaum drinnen, da fing es an, ganz doll zu regnen und der Wind nahm auch zu. Oma und Opa tranken einen Kaffee und ich einen Kakao, dazu für jeden noch ein Stückchen Kuchen.

Als wir fertig waren, hatte auch der Regen aufgehört. Dennoch sind wir nach unten gelaufen, was sehr viel Spaß gemacht hat. Unten angekommen setzten wir uns in die S-Bahn und fuhren zurück nach Bad Schandau und liefen von dort aus zurück zu unserem Quartier.

Opi setzte sich an das Kursbuch und Omi packte unsere Koffer und meinen Rucksack. Die Nacht war ruhig, aber ich konnte lange nicht einschlafen. Omi las mir noch eine Gute-Nacht-Geschichte vor und dann schlief ich ein.

Am nächsten Morgen ging es noch einmal mit der Fähre über die Elbe und danach zum Bahnhof. Wieder mussten wir in Dresden umsteigen, bevor wir weiter zum Berliner Ostbahnhof fahren konnten. Dann kam noch eine Überraschung für mich. Ich durfte noch eine Nacht bei Oma und Opa schlafen, denn unsere Eltern kommen erst Morgen mit Klaus wieder nach Hause. Ich freute mich sehr und nahm Omi und Opi in meine Arme.

Abends schlief ich schnell ein und träumte, wie so oft, von dem schönen Frühstück am nächsten Tag. Das Frühstück gab es dann tatsächlich und danach liefen wir zur Straßenbahn. Sie brachte uns zum Bus und mit diesem fuhren wir nach Hause. Meine Mutter begrüßte mich kurz, nahm dann Oma und Opa in den Arm und begrüßte auch die beiden. Papa hatte sich hingehockt und breitete beide Arme weit aus. Als ich bei ihm war, hob er mich hoch. Das fand ich großartig. Klaus kam auch gleich angelaufen und umarmte mich auch, nachdem Papa mich wieder heruntergelassen hatte. Jetzt ging ich zu Koko und Kraule, um auch die beiden zu begrüßen.

Ein wunderschöner Urlaub war zu Ende.

Eine Chorprobe mit Omi

Oft hat mich Oma zu ihrer Chorprobe mitgenommen. Sie übten immer in einem großen Raum im KWO (Kabelwerk Oberspree) aller zwei Wochen am Samstagabend. Der Chor war groß denn es sangen fast 20 Frauen und fast 20 Männer dort mit. Omi hatte sehr viel Spaß beim Singen und den anderen Chormitgliedern schien es ähnlich zu gehen. Sie begrüßten sich auch immer sehr herzlich und es dauerte nicht lange bis sich mehrere kleine Gruppen bildeten, die sich dann über viel Interessantes, jedenfalls aus Erwachsenensicht, unterhielten. Für mich als Kind von gut fünf Jahren war das nicht so schön. Ich wartete immer sehnsüchtig darauf, dass die Chorleiterin kam.

Es war der Moment als mit einem Mal alle Gespräche verstummten, jeder an seinen Platz ging und die Probe begann. Zunächst mussten die

Stimmbänder zum richtigen Ton angeregt werden. Alle bekamen eine Flasche Wasser und die meisten tranken auch tatsächlich daraus. Selters aus der Flasche oder auch aus dem Glas mochte ich nicht. Für mich musste die Brause auch schmecken. Am liebsten trank ich Himbeerbrause.

Jetzt kam der lustige Teil der Chorprobe. Alle sangen in ihrer Stimmlage A, E, I, O und U. Ich musste mir immer das Lachen verkneifen, denn das klang schon recht seltsam. Dass die Töne für die Chormitglieder sehr wichtig waren, erfuhr ich erst nach der Chorprobe von Oma. Obgleich ich das wusste, musste ich mir trotzdem das Lachen verkneifen. Ich war still und saß nur so da.

Es ist schön, dachte ich nach einer Weile. Der ganze Chor singt nur für Jesus Christus und für mich. Mehr Zuhörer*innen waren ja nicht da. Die Chorleiterin hatte den Mitgliedern Hausaufgaben aufgegeben. Klaus bekam solche Hausaufgaben auch schon in der Schule und ich werde auch Hausaufgaben bekommen, wenn ich zur Schule gehe, hatten mir unsere Eltern mal erzählt. Aber bis dahin dauert es ja noch eine ganze Weile.

Für die Chormitglieder waren es Liedtexte, die sie als Hausaufgaben von der Chorleiterin bekamen. Oma hatte so manches Mal in der Küche, im Wohnzimmer oder bei uns zu Hause mit einem Mal begonnen, zu singen. Sie hatte eine hohe Stimme, die so zauberhaft klang, dass sie von mir aus gern öfter singen könnte. So manches Lied kannten Klaus und ich auch schon so gut, dass wir mitsingen konnten. Natürlich lange nicht so schön, wie Omi dies konnte.

In der heutigen Probe wurde ein neues Lied einstudiert. Es klang sehr schön, irgendwie festlich. Zwischendrin war es leise, aber mit einem Mal wurden alle Stimmen wieder kräftiger. Richtig kraftvoll klangen die Stimmen immer mal wieder an einigen Stellen. Ich folgte aufmerksam dem Text, aber ich verstand den Sinn des Textes noch nicht. Dafür war ich offensichtlich zu klein.

Das war es wieder, dieses *dafür bist du noch zu klein*.

Hier aber hätte ich es verstanden, wenn jemand gesagt hätte, dafür bist du noch zu klein. Aber passiert, ist das Gegenteil. Die Chorleiterin bat mich ganz genau hinzuhören und herauszufinden, ob ich meine Omi auch gut genug hören kann. Das fand ich großartig, ich durfte helfen. „Ja, das mache ich sehr gern" erwiderte ich freundlich. Ich setzte mich wieder hin und hörte ganz genau zu.

Der Chor begann die „Ode an die Freude" zu singen. Omi und auch die anderen konnte ich ganz genau hören. Plötzlich kam Omi nach vorn und sang allein ein Stück des Textes und die Männer begleiteten sie mit ihren tiefen Stimmen. Omi sang den ganzen Text und die Männer nur bestimmte Stellen. Das war ein Klang, ich höre ihn heute noch, so zauberschön hörte sich das an. Am Schluss kam die Frage der Chorleiterin, ob es gut war. Ich brauchte noch einen Moment, um Antworten zu können. Dann sagte ich voller Freude: „Es war zauberschön." *Zauberschön* ist ein Wort das Omi manchmal für etwas ganz Besonderes gebrauchte. Ich dachte, dass es ein ganz normales Wort sei. Die Chorleiterin lächelte, Omi lächelte und manche Chormitglieder lächelten auch. Andere klatschten mir Beifall. Omi kam zu mir, streichelte mir über den Kopf und sagte „Dankeschön". Es dauerte noch ein paar Jahre bis ich die Reaktion des Chores verstand, aber das Lied kann ich heute auswendig singen oder mitsingen. Wenn ich es irgendwo höre, denke ich an diese Zeit zurück, auch wenn Omi schon lange in Gottes Reich ist.

Ohne Opa ...

Dass man nicht weinen darf und auch sonst möglichst keine Gefühle zulässt oder auch noch zeigt, hatte ich in der Zwischenzeit in bitteren Lektionen von unserer Mutter gelernt. Ich weiß nicht, wie viele Jungs, die in meinem Alter waren, ebenfalls diesen Satz hörten: „Ein Indianer kennt keinen Schmerz."
Ehrlich gesagt, möchte ich es auch nicht wissen. Denn so etwas Dämliches hört man nur, um zu lernen, dass man keine Gefühle zeigen darf. Schon gar nicht als Junge, der ich nun einmal war. Wäre es nach unserer Mutter gegangen, dann wäre ich ein

Mädchen geworden. Hey, ich bin ein Mensch, mit elf Jahren dazu noch ein kleiner, und ich habe verdammt noch mal auch Gefühle. Aber gut, wenn es so sozialistisch ist, dann zeige ich sie eben nicht. Ich kann heimlich weinen oder enttäuscht sein oder, oder.

Ich sollte bald erfahren, wie wichtig es ist, seine Gefühle zu zeigen und sich für andere einzusetzen, ohne daran zu denken, dass das eigene Reden und Handeln auch Konsequenzen haben kann.

Donnerstag, der 13. November. Ich war gerade aus der Schule gekommen, als ich erfahren musste, wie schlimm es ist, einen lieben Menschen, meinen allerliebsten Opa, zu verlieren.

Die nächsten Tage ist weder Klaus noch ich zur Schule gegangen. Unsere Mutter und Papa bekamen ein paar Tage frei.

Für uns alle, am meisten aber für meine Omi, starb mein Opi leider viel zu früh. Mein Opa war der tollste Mann, den ich kannte.

Ein riesengroßer Kerl mit einem noch viel größeren, leider offenbar kranken Herzen. Ich ging, als ich noch in Berlin lebte, oft an das Grab und sprach mit ihm. Vielleicht hielten mich manche Menschen deshalb für verrückt, aber damit kann ich leben.

Zwei Tage vorher war meine Omi noch mit ihm beim Arzt gewesen. Dieser wandelnde Kunstfehler hatte zu ihr gesagt: „Mit Ihrem Mann ist alles in Ordnung." Wie er zu dieser *Weisheit* kam, möchte ich lieber nicht wissen.

Wir alle waren wie in Trance und konnten keinen klaren Gedanken finden. Meine Omi blieb die nächsten Wochen und Monate bei uns.

Dann rückte der *Tag der Beisetzung, der 5. Dezember*, immer näher. Ein Scheisstag. Wir fuhren zum Friedhof und dort waren schon viele Menschen versammelt. Verwandte, Freunde, Nachbarn und ehemalige Kollegen warteten schon. Dann gingen wir in die Friedhofskapelle und der Pastor hielt eine kurze, aber sehr emotionale Predigt, wie mein Opa sie bestimmt gemocht hätte. Anschließend setzte sich der Zug der Trauernden langsam in Bewegung. Mir war schlecht, ich war traurig, ich war wütend auf diesen Aushilfsarzt, ich war erschrocken, mir war kalt und heiß zugleich und mir fiel mein Opa wieder ein, wie er als Lokomotive den Familienzug anführte.

Ich lief hinter unserer Mutter. Vor ihr liefen nur noch meine Oma und mein Papa gemeinsam mit meinem Bruder. Ich fragte den Pastor, warum mein Opi jetzt schon gestorben sei. Ich hatte doch noch so viele Fragen und ich wollte meinem Opa noch so viel erzählen und mein Opi wollte auch mir noch vieles zeigen und erklären.

Mein eigener Geburtstag am 8. Dezember war mir völlig gleich und ich feierte diesen 12. wie auch meinen 13. Geburtstag nicht. Weihnachten 1975 fiel natürlich aus. Von uns war niemand auch nur annähernd in der Lage, an Weihnachten zu denken. Mein Papa holte zwar einen Weihnachtsbaum, aber wirklich Weihnachten gefeiert haben wir nicht.

Nicht ohne meinen Opi.

Auch an Silvester, was wir vorher immer gefeiert haben, war nicht zu denken. Ich war all die Jahre vorher gerne mit meinem Papa die Raketen, Wunderkerzen, Knallbonbons und natürlich auch das Konfetti kaufen gegangen. Selbstverständlich war auch dies mit einem mehrstündigen Anstehen lange vor Öffnung der Drogerie verbunden. Die Drogerie öffnete um neun Uhr und wir waren spätestens um sechs Uhr dort gewesen. Das hatte mich jedoch nicht gestört. Jedes Jahr waren meine Omi und mein Opi an Weihnachten zu uns gekommen und manchmal sogar bis zum neuen Jahr geblieben. Zwischendurch waren wir nur zu meinen Großeltern nach Hause gefahren, um in deren Wohnung nach dem Rechten zu sehen, den Briefkasten zu leeren und vor allem um zu heizen. Ein paar Kohlen in den Ofen und die Stube wurde wieder warm.

Sonst hatte sich Omi zusammen mit mir an den Ofen gesetzt und Opi hatte heißen Kakao serviert. Aber jetzt? Was jetzt? Wie weiter? Er fehlte überall! Er fehlt noch immer, aber bei Gott hat er ein Zuhause gemeinsam mit meiner lieben Omi.

Die Keksdose

Oma und Opa hatten im Küchenschrank immer eine Metalldose stehen, in der sich Kekse befanden. Beide griffen immer mal dort hinein und auch wir Kinder bekamen immer mal einen oder zwei Kekse aus dieser Dose. Ich esse noch heute gern Kekse und es kommt dabei immer wieder vor, dass ich an die schöne Zeit, damals, zurückdenken darf. Das ist so schön, dass ich diese Geschichte auch gern in dieses Buch schreibe, liebe Omi und lieber Opi.

Opi lebte nun schon ein paar Jahre nicht mehr und Omi war allein in der Wohnung. Sie liebte all die Erinnerungen, die Nähe ihres Mannes, die vielen Momente, die beide teilten. Ich habe Opi ganz oft neben uns am Ofen sitzen sehen, im Türrahmen hockend, um mich in seine Arme zu schließen, vor dem Fernseher beim Boxen mitten in der Nacht. Kurz gesagt, für uns war Opi allgegenwärtig.

Dennoch ging der Alltag weiter. Es musste eingekauft, Kohlen hochgeholt, Asche nach unten gebracht und auch das Treppenhaus sauber gemacht werden. All das waren Arbeiten die unser Opi selbstverständlich für seine Frau sehr gern erledigt hatte. Helfen, für Andere da sein, waren nur zwei seiner Stärken.

Ich war mal wieder bei Omi. Es war Herbst und der Winter stand unmittelbar bevor. Ich war mit meinem S-50 Enduro, einem Mokick zu ihr gefahren, weil ich so schneller wieder zu Hause war und es noch schaffte, mit meiner Partnerin Heike Abendbrot zu essen, bevor mein Dienst begann.

„Omi, brauchst du noch Kohlen?" hatte ich sie gefragt. „Nein, ich habe noch welche oben" sagte sie seit einiger Zeit immer wieder. Wenn ich danach *zur Tarnung* nochmal zur Toilette ging, sah ich immer öfter, dass ein paar Eimer leer waren. Als ich die

Toilette verließ sagte ich „Omi, ich gehe mal schnell in den Keller" und hatte die leeren Eimer schon in der Hand. Der Keller war weit hinten und ich musste gebückt durch den Kellergang gehen, denn er war nicht sehr hoch. Dann füllte ich die Eimer und packte mir noch einige Holzstücke unter den linken Arm. Als ich bei ihr, in der dritten Etage ankam, stand Omi manchmal schon in der Tür. „Mein Gerd, was würde ich nur ohne dich machen?" „Du würdest die Kekse allein essen müssen" erwiderte ich dann lächelnd. Das war das Stichwort. Omi machte auf dem Beistellherd die Milch heiß, füllte in beide Tassen Kakaopulver und holte die Keksdose aus dem Schrank. Ich hatte inzwischen das Holz gestapelt und mir die Hände gewaschen. Dann ging ich in die Stube und stellte zwei Stühle an den warmen Ofen. Omi ging mit der Keksdose vornweg und ich kam mit den zwei Kakao hinterher.

Wir setzten uns und tauschten unsere Erinnerungen an den *Zimmerkellner* Opi aus. Früher hatte er in einer solchen Situation den Kakao serviert und die Kekse gebracht. Jetzt ging das nicht mehr. Aber wir zwei waren uns sicher, dass er da bei Gott jetzt auch mit uns einen Kakao trinken und Kekse essen würde.

Ein paar Tage später war ich wieder bei Omi, nur Omi war nicht da. Ich dachte mir, sie wird vielleicht bei Opi sein und ihm neue Blumen hinstellen. Ich hatte die Hoffnung, dass sie nicht schon alles winterfest machen würde, obgleich dies auch bald dran war.

So ging ich gleich als erstes nachschauen, ob noch genug Kohlen und Holz oben waren. Den schweren Einkauf hatte ich dieses Mal auch schon mitgebracht. So brauchte Omi höchstens ein paar Kleinigkeiten einkaufen. Natürlich waren die Eimer nicht mehr voll, was mich beruhigte, denn so wusste ich, dass sie auch heizte. Also runter in den Keller, vorher noch den Ascheimer ausgeleert und dann sechs Eimer Kohlen hochholen. Der Vorrat musste ein paar Tage reichen, denn das nächste Mal würde ich erst in gut einer Woche wiederkommen können. So ging ich also dreimal in den Keller. Als ich das letzte Mal wieder oben war, hatte ich das Gefühl mich mal hinsetzen zu wollen. Das tat ich auch und überlegte, ob ich gleich noch etwas für Omi erledigen konnte, wo ich schon einmal hier war. Als ich in die Küche ging, sah ich das dort der Abwasch vom Frühstück noch stand. Also schnell Wasser auf dem Herd warm gemacht, die Schüsseln aus dem Küchentisch gezogen und abgewaschen. Natürlich trocknete ich auch gleich noch alles ab und stellte das Geschirr zurück an seinen Platz.

Omi war noch immer nicht wieder zurück. So machte ich mir allein schnell noch einen Kakao und setzte mich in der Stube an den Ofen. Vorher hatte ich noch die Keksdose aus dem Schrank geholt. Ich trank einen Schluck des Kakaos, der heute nicht so lecker schmeckte wie sonst. Das lag sicher daran, dass ihn nicht meine liebe Omi gekocht hatte. Ich öffnete die Keksdose und fand nur noch einen Keks darin. Das war aber eine ungewohnt kleine Auswahl. Einen Keks, den traute ich mich nicht zu essen, denn es könnte ja sein, dass Omi diesen essen wollte.

Am Ende wusch ich auch noch meine Tasse ab, trocknete sie ab und stellte sie in den Schrank. Es war noch immer die Tasse, die ich auch schon als kleiner Junge nutzte. Da Omi noch immer nicht zu Hause war, schrieb ich ihr zwei Zettel. Auf den einen schrieb ich „Liebe Omi, bitte nachfüllen" und legte ihn in die fast leere Keksdose. Auf den anderen schrieb ich, dass ich hier war, Kohlen geholt, Asche runtergebracht und ein paar Dinge eingekauft hatte. Dann lief ich zur Straßenbahn, die mich zum Bahnhof Schöneweide bringen würde. Dort löste ich meinen Kollegen ab, der sich freute, denn er war gleich zu Hause. Die eine Station bis Baumschulenweg und noch einen kleinen Fußweg. Normalerweise hätte ich ihn erst in Ostkreuz abgelöst und er hätte von da aus zurückfahren müssen.

Als ich wieder zu Omi fuhr, waren knapp zwei Wochen vergangen. Sie stand schon in der Tür, denn sie hatte mein Mokick unten stehen sehen, nahm mich in die Arme und freute sich. Ich erledigte wieder alles, was Omi nicht mehr konnte und dann kam der große Moment. Wir setzten uns in der Stube an den warmen Ofen, tranken Kakao und hatten eine randvolle Keksdose vor uns.

Oma abholen

Es war einmal ... Nein, das hier ist nicht der Beginn eines Märchens.

Omi war dieses Mal bis zum 26.12. bei uns geblieben. Papa hatte sie noch nach Hause gebracht und auch gleich noch ihre Wohnung geheizt. Knapp zwei Stunden, nachdem er mit ihr losgefahren war, kam er wieder nach Hause.

Das „Es war einmal" war viel eher der Beginn eines schneereichen Silvesterfestes beim Jahreswechsel 1978/79. Kurz nach Weihnachten hatte es geschneit und jetzt lag so viel Schnee, dass der Öffentliche Personenverkehr fast völlig zum Erliegen gekommen war. Das stellten Klaus und ich auch fest, als wir an der Straßenbahnhaltestelle am Tierpark angekommen waren.

Wir beide hatten den Auftrag, unsere Oma aus Schöneweide abzuholen. An normalen Tagen hätten wir dafür vielleicht zwei Stunden gebraucht. An normalen Tagen. Wir hatten zu der Zeit kein Auto und selbst wenn, wäre es mehr als fraglich gewesen, ob der Trabant oder unser späteres Auto, der Wartburg, überhaupt angesprungen wäre. Denn es lag nicht nur Schnee, sondern wir hatten auch eisige Temperaturen.

Warm angezogen, machten wir uns also auf den Weg zur Oma. Papa hatte meinem großen Bruder noch Geld mitgegeben und ihm gesagt, dass sei für den Fall, dass wir ein Taxi erwischen würden.

Wir standen etwa eine Stunde an der Haltestelle der Straßenbahn am Tierpark. Auf einmal erkannten wir im Schneegestöber ein Licht auf uns zukommen. Das war die Straßenbahn, die uns nicht nur in Richtung Schöneweide bringen, sondern bei der Linienführung direkt zu der Haltestelle bringen würde, an der wir aussteigen mussten, um zu Oma zu kommen. Richtig, sie bog tatsächlich auch nach links in die Wilhelminenhofstrasse ein.

Nachdem wir ausgestiegen waren, liefen wir zu Omi. Völlig durchgefroren, kamen wir bei ihr an. Was machte Omi? Richtig, nachdem wir unsere Stiefel, die Jacken, die Pullover und die Hosen ausgezogen hatten, saßen wir nur in Unterhose und Hemd am Ofen. Omi servierte den heißen Kakao und wir wärmten uns erst einmal auf. Omis Liebe allein hat uns nicht nur aufgewärmt, sondern auch gleich mit einer Wärme versorgt, um mit ihr die Rückreise, die nicht viel leichter werden würde, anzutreten.

So zogen wir uns wieder an, nahmen unsere Omi in die Mitte und ihr Gepäck in unsere Hände. Nach einer guten halben Stunde waren wir wieder an der Wilhelminenhofstrasse/Rathenaustrasse. Der Wind blies und verwehte den gerade gefallenen Schnee immer wieder. Dort wo es möglich war, waren Berge von Schnee angehäuft worden, weil die Schneemassen irgendwo bleiben mussten. Es sah teilweise sehr gespenstisch aus. Unsere Omi konnte sich, mit ihren 1,50 Metern Körpergröße, zwischen Klaus und mir verstecken. Dennoch war unsere Omi die Größte. Schließlich wird wahre Größe nicht in Zentimetern gemessen. Wir standen jetzt schon fast eine Stunde und weit und breit war von einer Straßenbahn nichts zu sehen.

Nicht einmal ein Auto, geschweige denn ein Taxi, fuhr hier bei diesem Wetter. Omi und ich beschlossen zu beten, zu beten, dass Jesus Christus uns ein Fortbewegungsmittel schicken möge, damit wir zumindest unserer elterlichen Wohnung ein Stück näherkamen. Klaus hielt nichts von unserem Glauben und teilte auch dieses Gebet nicht mit uns beiden.

Nach weiteren 20 Minuten sahen wir ein Licht in dem Schneetreiben. Tatsächlich, es war eine Straßenbahn, die uns ein Stückchen weiterbringen würde. Ein paar Haltestellen brachte sie uns ein Stück näher und wir erreichten somit unseren Umsteigepunkt. Hier fuhr noch eine zweite Linie, mit der wir fahren könnten, wenn denn eine Straßenbahn käme. Klaus sah sich bestätigt, es kam wieder keine Bahn, die uns in Richtung nach Hause bringen würde. Wir standen erneut und warteten. Omi und ich sahen uns an, schüttelten mit dem Kopf und steckten unsere Hände wieder in die Taschen.

Auf einmal sahen wir zwei Lichter auf uns zukommen. Es war keine Straßenbahn, das wäre auch zu schön gewesen, in diesem Moment. Nein, es war ein Auto. Als es näherkam, sahen wir das es nicht nur ein Auto, sondern ein Taxi war. Ganz schnell hatten wir, alle drei, eine Hand aus der Tasche genommen und winkten nach diesem Taxi. Klaus stieg vorn und Omi und ich hinten in das Taxi. Klaus sagte dem Fahrer, wo wir hinwollten und Omi und ich sahen uns an. Ich nahm Omis Hand in meine, wir lächelten und wussten, dass Jesus unser Gebet erhört hatte. Ob Opi Jesus einen Stups gegeben und ihn auf unsere Situation aufmerksam gemacht hatte, wussten wir nicht, aber wenn, hat es geholfen. Nach einer guten Stunde waren wir zu Hause angekommen. Gott sei Dank, war der Taxifahrer so nett und ließ uns nur das normale Fahrgeld bezahlen, denn die Fahrt dauerte deutlich länger als an normalen Tagen, aber heute war alles, aber ganz sicher kein ganz normaler Tag.

Rauswurf aus dem Elternhaus

Es war für euch und für mich nicht vorstellbar, aber geschehen ist es dennoch. Ich war noch keine 17 Jahre alt und von eigenem Wohnraum sehr weit entfernt.

Meine Ausbildung zum Elektromonteur bei der Berliner S-Bahn hatte vor einigen Wochen begonnen und so langsam lernten wir uns in unserer Ausbildungsklasse kennen. Es war nicht mein Wunschberuf aber ein guter *Plan B*. Am Ende der Ausbildung würde ich Triebfahrzeugführer der S-Bahn sein.

Ich war nicht der Kronsohn der Familie, sondern mit zunehmendem Alter eher das, was man das schwarze Schaf der Familie nannte. Ich sagte nicht zu allem Ja, hinterfragte einiges und 1978 hinterfragte ich auch die „Demokratie" hier in der DDR.

In unserer Klasse luden wir uns gegenseitig zu Geburtstagsfeiern und auch zum Quatschen ein. Internet, soziale Netzwerke und Mobiltelefone gab es damals noch nicht. So kam es, dass auch ich zu einer Kollegin zum Geburtstag eingeladen wurde. Ich verabschiedete mich nachmittags von meinen Eltern und erklärte, dass ich nicht weiß, wann ich wieder zu Hause sein würde. Es war eine weite Fahrt und da es dort sicherlich auch alkoholische Getränke gab, ließ ich mein S-50 zu Hause stehen. Das war mir sicherer, als unter Alkohol mich im Verkehr zu bewegen. So setzte ich mich in die S-Bahn, brauchte auch die 20 Pfennig Fahrgeld nicht zu bezahlen und fuhr nach Pankow. Das Fahrgeld brauchte ich nicht, da ich bei der S-Bahn beschäftigt war. So hatten alle Eisenbahner hier freie Fahrt. Vom S-Bahnhof Pankow war es noch ein ganzes Stück mit der Straßenbahn zu fahren. Als ich ankam, waren schon mehrere Jugendliche da.

Wie wir gehofft hatten, erschienen alle und es wurde eine schöne Geburtstagsparty. Wir saßen zusammen und unterhielten uns über Musik, Liebe, die Eltern und andere Dinge, die uns so interessierten. *Verboten* war es über die Arbeit zu reden. Dabei tranken wir so manches Bier, oder ein paar Gläschen Sekt und wir aßen Broiler oder Würzfleisch.

Die Zeit verging sehr schnell und so stellten einige, auch ich, erschrocken fest, dass es zu spät war, um wieder nach Hause zu fahren. Glücklicherweise bot Ulrike uns an, bei ihr schlafen zu können. Die Wohnung war groß genug und sie hatte dies mit ihrer Mama vorher schon so abgesprochen. Uns fiel ein Stein vom Herzen. Als die zwei, die hier in der Nähe wohnten, gegangen waren, legten wir uns auf Luftmatratzen und den zwei Sesseln schlafen. Als kleines Dankeschön halfen wir Ulrike am nächsten Morgen beim Aufräumen und dann fuhr jeder nach Hause, auch ich. Beim Bäcker, am S-Bahnhof in der Nähe unserer Wohnung, holte ich noch einige Brötchen, damit unsere Eltern und ich zusammen frühstücken können. Klaus war zu der Zeit schon auf der Arbeit.

Meine Mutter öffnete mir die Tür und fragte mich, wo ich denn jetzt herkomme. Ich sagte, dass ich doch am Tag zuvor gesagt habe, dass ich zu einem

Geburtstag eingeladen sei. Dass es so spät oder besser früh werden würde, habe ich nicht gedacht. Daraufhin sagte sie zu mir, dass ich gleich dahingehen könne, wo ich in der Nacht zuvor gewesen sei, und fing gemeinsam mit meinem Vater an, einen sehr großen Koffer mit meinen Sachen zu packen.

Ich konnte nicht glauben, was ich da sah, aber es war Wirklichkeit. Sie packten tatsächlich meine Sachen in diesen Koffer und stellten ihn anschließend vor die Wohnungstür. Ich folgte wortlos, geschockt, enttäuscht und sehr traurig meinem Koffer.

Ich nahm meine Eltern beim Wort und ging dahin, wo ich auch in der letzten Nacht gewesen war. Das Gesicht meiner Kollegin kann sich keiner vorstellen, als ich auf einem Mal mit meinem Koffer vor ihr stand und sie fragte, ob ich erst mal bei ihr wohnen könne. Ich war noch keine achtzehn Jahre alt, und selbst wenn, hätte dies nicht bedeutet, dass ich nun eine eigene Wohnung beziehen konnte. Es gab keine Wohnung. Also zog ich zu ihr und wurde auch gleich in das Hausbuch eingetragen.

Natürlich konnte ich nicht mit meinem Mokick losfahren, denn wohin hätte ich den großen Koffer tun sollen. Also fuhr ich mit dem Bus zur S-Bahn, weiter mit der S-Bahn von dort noch mit der Straßenbahn. Nach einem mit Gepäck viel zu langen Fußweg stand ich nun vor dem Haus, in dem Ulrike mit ihrer Mama wohnte. Sie sah mich an, als käme ich vom Mars. Ich erklärte ihr kurz, was zu Hause passiert war, und dass ich doch nicht auf der Straße schlafen konnte. Glücklicherweise hatte Ulrike volles Verständnis für meine Situation und bat mich erstmal in die Wohnung. Es dauerte nicht lange, da kam ihre Mama herein und fragte was los sei. Ulrike und ich erzählten ihr, was los war und ihre Mama sagte, dass ich hierbleiben kann. Das war die beste Lösung in dieser Situation. Zu Heike, meiner Jugendliebe, konnte ich nicht ziehen, da die Wohnung ihrer Eltern viel zu klein gewesen war. Zu Omi konnte ich auch nicht ziehen, da ich nicht gewusst hätte, was ich machen sollte, wenn meine Eltern dort auftauchten oder Klaus mal vorbeikam.

Dass sich niemand – jedenfalls aus meiner Familie – für mich interessierte, war für mich in der ersten Zeit erschreckend. Dass dies aber nicht alles sein sollte, wozu diese ‚Familie' imstande war, sollte ich einige Jahre später noch sehr schmerzlich erfahren.

Die Volkspolizisten hat es noch nicht mal interessiert, dass ich noch keine achtzehn Jahre war. In diesem Hausbuch, in dem ich nun eingetragen wurde, standen alle wichtigen persönlichen Daten von allen Menschen, die hier irgendwann mal jemanden besucht hatten oder sich auch nur für eine einzige Nacht hier aufgehalten hatten. Da dieses Buch dick war, passten dort so einige Jahre hinein.

Es war meinen Eltern offensichtlich völlig gleich, ob ich ein Dach über dem Kopf und etwas zu trinken und zu essen hatte oder nicht. Na ja, ich war eben nicht der Kronsohn, dem das Lernen leichtfiel und der nie auch nur irgendetwas infrage stellte. Aber so wollte ich auch nie sein. Lieber stelle ich auch mal unbequeme Fragen oder tappe in irgendwelche Fettnäpfchen, die manchmal schon sehr weit neben dem Weg stehen. Aber so habe ich wenigstens erfahren können, wie es ist, wenn man in so einen Fettnapf hineintritt.

Wie hatte mein geliebter Opa mal zu mir gesagt: „Gerd, mache in deinem Leben so viele Fehler, wie du kannst, aber lerne daraus." Mit dem Fehlermachen hatte ich keine Probleme, mit dem Daraus lernen schon eher, aber das machte nichts. Manchmal war das Lehrgeld sehr hoch, aber was kümmerte es mich, ich fiel hin und stand wieder auf.

Oftmals trug ich Wunden oder Knochenbrüche davon. Manchmal war ich erschrocken, wozu ich imstande war, ich war erschrocken vor dem, was ich tat oder sagte, aber ich habe nichts davon bereut – es gab auch nichts zu bereuen. Ich tat ja immer nur, was mein lieber Opa mir gesagt hatte.

Opi lebte leider nicht mehr, aber wie sollte ich das, was geschehen war, meiner Omi beibringen. Auch darüber hatte sich meine Mutter garantiert und offenbar auch mein Papa, ihr Sohn, keine Gedanken gemacht. Ich hatte keine Ahnung, wie ich das Omi schonend beibringen sollte. Was tat ich? Richtig, ich erzählte Jesus Christus von meinen Sorgen und bat ihn, wenn er ein wenig Zeit für mich hätte, mir zu helfen.

Es dauerte nicht lange und er half mir. Nachdem ich achtzehn geworden war, konnte ich einen Wohnberechtigungsschein mit Dringlichkeit beantragen. Diesen würde ich bekommen und damit bekam ich auch relativ schnell eine Wohnung.

Dann bin ich das erste Mal nach einem guten Jahr seit meinem Rauswurf zu Hause, zu Omi gefahren. Ich klingelte an ihrer Wohnungstür und als sie mich sah, fing sie jämmerlich an zu weinen. Auch mir liefen die Tränen. „Mein Junge" rief sie mir entgegen. „meine Omi," erwiderte ich weinerlich. Omi war fassungslos über die lange Zeit „lieber Gerd" und ich wieder „meine liebste Omi, du hast mir so gefehlt." Omi zog mich in den Flur, machte die Tür zu und ging an meiner Hand in die Küche. „Jetzt koche ich uns einen Kakao und dann musst du mir alles erzählen" weiterreden konnte sie nicht, denn wieder liefen die Tränen. Ich beugte mich nach unten, nahm meine liebe Omi in meine Arme und tröstete sie, so gut ich das in dem Moment überhaupt konnte.

Mit dem Kakao in den Händen setzten wir uns auf den Balkon und ich fing zu erzählen an. Immer wieder zwischendurch musste ich eine Pause machen, denn auch mir liefen immer wieder die Tränen. Ich erzählte ihr von dem Geburtstag und davon was meine Mutter gesagt und getan hatte und davon, das Papa nichts dagegen tat und dass er genau das machte, was meine Mutter sagte. Ich sagte Omi auch, wie mich das verletzte, traurig, wütend und ohnmächtig machte.

Omi stand auf, kam zu mir und sagte, dass ich so etwas nicht verdient hätte, dass sie stolz auf mich ist und mich liebhat. Ich nahm sie wieder in die Arme und jetzt weinten wir beide hemmungslos. Es dauerte eine ganze Weile bevor einer von uns beiden irgendetwas sagen konnte. Dann fing Omi an und sagte, dass sie mit mir jeden kommenden Besuch absprechen wird. Sie sagte mir auch, dass sie mit unserer Mutter und mit Papa sprechen und ihnen erklären wird, wie sie das alles sieht und dass sie in Zukunft auch mit ihnen alle Besuche absprechen wird, damit ich keine Bauchschmerzen haben muss. Diese stünden mir nicht zu, meinte sie noch. Und bei dieser Verabredung blieb es auch. Omi machte keine leeren Worte.

Dass es nur noch ein paar Jahre dauern würde, bis wieder eine Trennung vor Omi und mir lag, habe ich zu dem Zeitpunkt noch nicht gewusst.

Eine sichere Bank

Ich war inzwischen mit meiner Schulfreundin und Jugendliebe Heike zusammengezogen. Lange genug hatte es gedauert, bis wir zwei zusammenziehen konnten. Heike hatte noch ihr Zimmer bei ihren Eltern und brauchte so keinen Wohnraum. Ich war mit meiner Ein-Zimmer-Wohnung in der Friedrichshainer Heidenfeldstrasse mit Toilette eine halbe Treppe höher, doch gut versorgt. Es herrschte eben für uns zwei keine absolute Wohnungsnot, was in der Gesellschaft aber anders war. Wer eine leerstehende Wohnung bei der KWV (Kommunale Wohnungsverwaltung) meldete, konnte Glück haben diese selbst beziehen zu dürfen. Es mussten jedoch mindestens drei dieser Wohnungen gemeldet werden.

Heike, die zu der Zeit bei der Post arbeitete, hatte durch den Kundenkontakt und die Straßen in der sie die Post austrug, eher die Möglichkeit eine solche Wohnung zu finden. Es dauerte noch ein ganzes Jahr, bis eine Freundin von ihr erzählte, dass sie in der Gryphiusstraße in Friedrichshain eine solche Wohnung entdeckt hatte. Als ich am Nachmittag nach Hause kam, erzählte sie mir davon. Also rauf aufs Mokick und dort hingefahren. Tatsächlich sah es so aus, als ob dort im Quergebäude in der zweiten Etage eine Wohnung leer stünde. Am Briefkasten und auch an der Wohnungstür war kein Namensschild. Allerdings sah es im Treppenhaus schon nicht so einladend aus. Wir machten uns dennoch auf den Weg zur Wohnungsverwaltung in Berlin Adlershof. Dieses Haus gehörte nämlich nicht zur KWV, sondern zur Gebäudeverwaltung Wilfried Alscher. Das dieser Name für alles außer Qualität stand, war uns beiden anfangs nicht klar. Das sollte sich jedoch bald ändern. Wir brauchten hier keinen WBS (Wohnberechtigungsschein) sondern konnten sofort den Mietvertrag unterschreiben. Wir beide freuten uns und konnten unser Glück kaum fassen. Mit dem Schlüssel in der Hand fuhren wir wieder zurück.

Rein in den Flur, da traf uns der Schock. Schock, weil hier beinahe alles kaputt war. Gut das würden wir irgendwie hinbekommen. Verputzen, malern, tapezieren, Spüle anschließen, waren nur ein paar Dinge, die hier dringend zu tun waren. Heike und ich machten uns an die Arbeit. Mehrere Wochen haben wir hier abends und oft bis in die Nacht gearbeitet. Dann kam der spannende Moment, in dem Heike zur Toilette musste. Kein Problem, schließlich gab es hier eine Innentoilette. Nein, die gab es nicht, lediglich der Raum stand dafür zur Verfügung. Licht gab es hier drinnen noch nicht und so fiel es uns vorher gar nicht auf.

Unter uns wohnte eine junge Frau, die wir vorhin gesehen hatten. Dort ging sie hin, erzählte kurz von unserem Problem und schon konnte sie zur Toilette.

Das war etwas, was gar nicht ging. Am nächsten Tag fuhren wir zur Hausverwaltung und fragten nach einem Toilettenbecken. Sie sind doch jetzt die Mieter, kümmern Sie sich doch darum, war die Aussage, die wir dort bekamen.

Baumärkte gab es nicht in der DDR. Es war zum Verzweifeln, aber nicht für uns.

Heikes großer Bruder studierte zwar Theologie, aber er hätte auch Klempner werden können.

Omi war zwar keine Klempnerin, aber sie half Heike und mir ein Toilettenbecken zu finden. Omi half uns auch bei der Besorgung von Gardinenstangen. Omi half uns, wo sie nur konnte, besser gesagt, sie war unsere sichere Bank. Nicht so sehr mit Geld, aber mit den vielen Kontakten, die sie als Verkäuferin in einem Gemüseladen hatte.

Tausche Bananen gegen einen Schrank für meinen Enkel und seine Partnerin. Auch Heikes Eltern halfen tatkräftig mit und so konnten wir nach nur vier Monaten auch dort einziehen.

Omi mochte Heike schon als kleines Mädchen, weil sie eben ein Herz hat und keinen Stein wie meine Mutter. Jetzt wo Heike erwachsen war, hatte sich daran nichts geändert.

Omi ist die beste, davon war und bin ich auch heute noch überzeugt, denn hauptsächlich durch ihre Unterstützung war der Zusammenzug in so kurzer Zeit überhaupt möglich geworden.

Buchenwald – Bergen Belsen

Ich bin nun schon einige Zeit im Landkreis Celle in Niedersachsen zu Hause. Hier lernte ich auch bald die „Schreibwerkstatt" kennen. Es ist ein Kurs der VHS Celle, welcher nun schon seit den 80ern läuft. Ein ehemaliger Freund von mir lud mich ein, mal dorthin mitzukommen, wenn ich das möchte. „Du hast doch sogar schon deine Autobiografie aufgeschrieben und daraus ein Buch werden lassen" sagte er. „Ja, das ist richtig" sagte ich zu ihm, „aber meinst du eine Schreibwerkstatt wäre auch etwas für mich. So gut schreibe ich nun auch wieder nicht." „Na klar, meinte er. Du brauchst dein Licht nicht unter den Scheffel stellen" fuhr er fort. Viel später, bei einem Wochenendseminar bekamen wir vom

Dozenten eine Hausaufgabe mit dem Thema „Koffer packen." Manuela, meine Partnerin, und ich schauten uns an und sie sagte sinngemäß, dass sie so gar keine Idee hätte. So wirklich hatte ich auch keine. Wir beschlossen noch ein wenig spazieren zu gehen und uns über den Tag zu unterhalten. Vielleicht kommt ihr und mir ja doch noch eine Idee. Richtig, das ist sie. Der folgende Text ist hierbei entstanden und da er etwas mit meinem lieben Opi zu tun hat, denke ich gehört er auch in dieses Buch.

Mein lieber Opi,
als du in das KZ – Buchenwald deportiert wurdest, hattest du keine Zeit mehr, um vorher noch etwas in einen Koffer zu packen. Nein, die Nazis nahmen dich mit und sperrten dich ein. Warum genau, hast du mir nie gesagt. Als ich dich damals darum bat, mit mir dorthin zu fahren, sagtest du immer und immer wieder, dass ich noch zu klein bin. Ja, ich weiß. Als ich dich das erste Mal darum bat, war ich gerade neun Jahre alt. Für mich warst du damals schon ein Held, heute, wo ich selbst erwachsen bin, bist du es mehr als je zuvor.
Als ich von einem Historiker aus dem ehemaligen KZ Bergen – Belsen erfuhr, dass du zu denen gehörtest, die von Buchenwald ZU FUSS, den als Todesmarsch berüchtigten „Weg" in das KZ Bergen - Belsen gegangen bist, musstest du sehr stark sein. Persönliche Dinge hattest du, wie ich heute weiß,

nicht mehr. So ist es mehr als traurig, dass du auch auf diesem Weg vorher keinen Koffer packen konntest.

Viele Jahre vergingen. Du wurdest Opi, der Beste, den ich mir wünschen konnte. Mit mir in das Gartenlokal „Zenner" in Berlin-Treptow zu gehen, mit mir eine Berliner Weiße mit Schuss zu trinken, tatest du sehr gern. Mit meinen Eltern und deiner Frau, meiner Omi, gemeinsam durch das Kinderzimmer eine Runde nach der anderen, als Lokomotive des Familienzuges zu laufen, an meinem ausgestreckten Arm als Schranke anzuhalten, dich auf mein Bett zu setzen, mir über den Kopf zu streicheln und eine erfundene kleine Geschichte zu erzählen, tatest du gern.

Aber nicht nur im Kinderzimmer warst du die Lokomotive. Sehr oft packtest du voller Vorfreude den Koffer, wenn Omi und ich mit dir ein paar Tage weggefahren sind. Vorher „studiertest" du das Kursbuch der Reichsbahn, um über jeden Umstieg und Anschluss informiert zu sein. Omi hat das manchmal aus der Ruhe gebracht. Du aber saßest auf dem Sofa und hast gelesen.

Manchmal haben wir „Koffer packen" gespielt. Da musste ich mich oft sehr konzentrieren. Danach serviertest du den Kakao und Omi und ich saßen im „Speisewagen", neben dem Ofen in eurem Wohnzimmer.

Ich war noch keine zwölf Jahre alt, als du dich auf deine letzte, für Omi, meine Eltern, meinen Bruder und mich, traurigste Reise machtest. Auch für diese Reise konntest du keinen Koffer packen. Ich habe dich fest in meinem Herzen, auch wenn mir kein Bild von dir geblieben ist, weil die Stasi alles, was in unserer Wohnung war, unwiederbringlich genommen hat. Die Bilder, die ich von dir in meinem Kopf habe, könnten einen riesigen Koffer füllen.

(K)ein Abschied für immer

Tot ist jemand erst, wenn sich niemand mehr an sie oder ihn erinnert. Die Hülle wird zwar begraben, aber ihr beide, liebe Omi und lieber Opi, lebt ganz sicher in meinem Herzen, den Bildern in meinem Kopf, diesem Buch und auch im Himmel weiter. Einen Stern habe ich für euch gekauft, der das Cover dieses Buches ziert.

Ich habe euch gesehen, als ich 1994 mit einem Herzinfarkt ins Krankenhaus kam. Mitten in der Behandlung sog ein heller Lichtstrahl mich vom Behandlungstisch. Ich schwebte über dem Ärzteteam und sah mich dort unten liegen. Der Defibrillator hatte es nicht geschafft, mich ins irdische Leben zurück zu schicken, aber ihr beide habt das geschafft. Ihr beide standet nebeneinander und Jesus Christus hatte seine Arme für einen kleinen Moment einladend weit geöffnet.

Die Farben leuchteten so schön, wie ich sie hier auf der Erde noch nie gesehen hatte. Das Grün der großen Wiese, auf der ihr standet, leuchtete so stark, dass es einfach nur zauberschön war. Das Lächeln von euch beiden war so warmherzig wie immer. Erst viele Jahre später erfuhr ich, dass du liebe Omi erst kurz vor meinem Infarkt verstorben warst.

Euch beide so glücklich vereint zu sehen, war ein so schönes Bild, es ist ein so schönes Bild, denn ich habe es heute noch in meinem Herzen.

Danke schön an euch zwei, dass es euch für mich gab. Nur durch euch konnte ich zu dem Menschen werden der ich heute bin. Auch darum widme ich dieses Buch

euch beiden.

Buchempfehlungen

Ein Andersdenkender in der DDR hatte es nicht leicht. Darüber ist inzwischen manches bekannt. Der Autor versucht Sie in sein Leben mitzunehmen. Angefangen mit dem Jahr seiner Geburt und beendet im Jahr 2016. Sie erfahren also auch, wie sein Leben weiterverlief. Interessant und spannend erzählt.

· 1963 in Ost-Berlin geboren
· 1965 einjähriger Aufenthalt im Kinderheim
· 1966 Umzug mit der Familie nach Friedrichsfelde
· 1980 Abschluss an der Polytechnischen Oberschule
· 1980-82 Ausbildung zum Elektromonteur
· 1986 Festnahme durch die Stasi und erstes   Verhör
· 1986-89 Haft
· 1989 Freikauf durch die BRD
· 1994 erstmalige Einsicht in die Stasi-Akten

Der Anfang vom Ende ist etwas, dass wir alle, und ich denke auch Sie, liebe Leser*innen, irgendwann in Ihrem Leben schon einmal gehört, gedacht oder womöglich sogar gefühlt haben. Wenn sich das, wie der Anfang vom Ende anfühlt, ist es schon ziemlich erdrückend. Meine Zeit der Stasihaft von fast drei Jahren, Sommer 1986 bis Frühjahr 1989, war für mich alles andere als ertragbar. Vielleicht fehlen Ihnen an der einen oder anderen Stelle meine Gefühle. Diese habe ich ausgeschaltet, um überleben zu können. Dennoch habe ich immer an den Satz meiner Oma gedacht zu mir sagte: „Am Ende wird alles gut, und solange es nicht gut ist, ist es auch nicht das Ende." Dieses Buch beinhaltet schwere Zeiten, traumatisierende Erlebnisse, sexuellen Missbrauch durch andere Mithäftlinge, das Wegschauen von Volkspolizisten, wie diese offiziell genannt wurden, meinen vollständigen Zusammenbruch und das ganz langsame Zusammensammeln meiner Knochen, meiner Seele und das Ende, an dem alles gut war. Wenn Sie möchten, lade ich Sie ein, mit mir durch drei Jahre Stasihaft zu gehen, umzufallen, zu kriechen, liegen zu bleiben, aber auch wieder aufzustehen und aufrecht in einen Bus einzusteigen, den ich bis heute nicht vergessen habe und ganz sicher auch nie vergessen werde.

Der Autor hat in diesem Buch einige kurze Texte in loser Folge zusammengestellt. Hier finden Sie also ein breites Spektrum an Texten, die der Autor in den letzten Jahren geschrieben hat. Manche für einen speziellen Anlass, eine für seinen Freund J. (Alias Torsten) und einige, weil sie einmal aufgeschrieben werden wollten.

Gerd Keil

Ein Jahr aus
Kinderaugen

Kurzgeschichten zum Vor- und Selbstlesen

Ein Kinderbuch mit Aquarellen einer professionellen
Malerin zum Vor- und Selbstlesen. Der ideale Begleiter
im Urlaub, bei Verwandten und Freunden.

Ich bin immer an Feedbacks meiner Leser*innen interessiert und würde mich über einen Gästebucheintrag auf meiner Homepage www.gerdkeil.de freuen.

Ein Dankeschön an meine Partnerin Manuela Keilholz für Ihre Hilfe beim Korrekturlesen meines Buches. Mehr über sie finden Sie, liebe Leser*innen, auf ihrer Homepage www.manuelakeilholz.de.